Lebensschule zur Lebensbemeisterung
Der Weg zum kosmischen Bewusstsein

Lebensschule
zur
Lebensbemeisterung

Der Weg zum
kosmischen Bewusstsein

von Gabriele

Gabriele-Verlag
Das Wort

2. Auflage September 2015

© Gabriele-Verlag Das Wort GmbH

Max-Braun-Str. 2, 97828 Marktheidenfeld
Tel. 0049 (0)9391/504-135, Fax 0049 (0)9391/504-133

Internet: www.gabriele-verlag.de

Druck: KlarDruck GmbH, Marktheidenfeld
Coverfoto: © Sergey Galushko

ISBN 978-3-89201-293-1

Inhalt

Vorwort

Was kosmisches Bewusstsein ist, können wir nur von einem Menschen erfahren, der selbst darin lebt. Es ist Gabriele, die Prophetin und Botschafterin Gottes für unsere Zeit. Sie gab in unzähligen Geistigen Lehrstunden und Gesprächen aus dem Strom der göttlichen Weisheit grundlegendes geistiges Wissen, darüber hinaus vielfältige Hinweise und Hilfen für die Schritte unseres Weges hin zum kosmischen Bewusstsein. Diese geistig-göttlichen Lehren wurden im Rahmen einer TV-Sendereihe weltweit ausgestrahlt.

Gabrieles Darlegungen sind nun in Buchform wiedergegeben – für jeden Menschen, besonders für den, der in seinem Dasein ein höheres Lebensniveau erreichen möchte, von unschätzbarem Gewinn und Wert.

In der Lebensschule zur Lebensbemeisterung werden die Wiederholungen zur Einübung und Vertiefung ganz bewusst eingesetzt. Wundern Sie sich also nicht, wenn Ihnen Sachverhalte und

Abläufe – unter Umständen jeweils aus einem anderen Gesichtswinkel – mehrmals unterbreitet werden. Wir wollen ja umdenken! Eine neue Betrachtungsweise der Gegebenheiten soll sich einstellen, und das geschieht meistens nicht sogleich auf eine momentane Erkenntnis, auf ein einzelnes Aha-Erlebnis hin. Das neue Denken und Verstehen soll uns ja erst vertraut werden, so dass wir es uns nach und nach zu eigen machen können.

Im August 2009

Das kosmische Bewusstsein, unser
göttliches Erbe, wieder entfalten –
der Weg dorthin ist bereits in uns angelegt.

So mancher wird angesichts des Titels sagen: „Lebensbemeisterung! Ja, das wünsche ich mir! Doch was hat es mit dem kosmischen Bewusstsein auf sich? Darunter kann ich mir noch nichts vorstellen."

Viele Menschen sind sich bewusst: Sie sind nicht nur von dieser Welt. Viele wissen, dass nach dem Leibestod die Seele des Menschen ihren Weg ins Vaterhaus, ins Reich Gottes, fortsetzt – in einer der Reinigungsebenen, oder sie geht zu einer weiteren Einverleibung.

Das kosmische Bewusstsein ist Gott. Auf die Frage hin: „Was haben denn wir mit dem kosmischen Bewusstsein zu tun?" zucken manche die Achseln und meinen: „Wenig oder gar nichts." Doch das trifft nicht zu, im Gegenteil: sehr viel. Denn Gott, der unser ewiger Vater ist, hat das reine Wesen im Urgrund unserer Seele als Seinen geistigen Sohn oder Seine geistige Tochter, jeden in seiner göttlichen Mentalität, geschaut und geschaffen. Jeder von uns besitzt in seiner Seele alle göttlichen Lichtkräfte des Seins als Essenz. Wir – jeder Einzelne von uns – sind also unserem Ursprung nach kosmische Wesen im kosmischen All-Bewusstsein, teilhaftig der göttlichen All-Kraft und somit Erben der Unendlichkeit.

„Kosmisches Bewusstsein" signalisiert uns, Erben des Reiches Gottes zu sein.

Vergegenwärtigen wir uns noch einmal: Heute sind wir einverleibte Wesen – wir nennen uns Menschen. Doch im Urgrund unserer Seele sind wir kosmisches Bewusstsein, sind wir Wesen in Gottes Gegenwart und somit göttlich. Wir sind nicht Gott, aber wir sind reine Wesen, dem Ursprung unseres wahren Seins nach – göttlich; so, wie uns als reine Wesen Gott, der Ewige, geschaut und geschaffen hat.

Das Ziel unseres Lebens als Mensch umreißt die Aussage: „Wir sind auf Erden, um wieder göttlich zu werden."

Viele glauben, dies sei ein utopisches Ziel. Doch wer sich des öfteren vor Augen hält, dass es darum geht, zu unserem eigentlichen, innersten Sein zurückzufinden, zu dem Bewusstsein, dass wir Söhne und Töchter Gottes sind, dem schließen sich unter Umständen ganz allmählich die beiden Worte „kosmisches Bewusstsein" mehr und mehr auf. Denn im Grunde sehnt sich doch jeder nach seiner wahren, ewigen, unvergänglichen Identität und möchte diese wieder erlangen.

Jesus lehrte uns: „Seid vollkommen, wie euer Vater im Himmel vollkommen ist." Und: „Das Reich Gottes ist inwendig in euch."

Zuerst einmal geht es darum, zumindest eine Ahnung davon zu bekommen, worin das göttliche, das kosmische Bewusstsein besteht. – Das Folgende möchte uns helfen, uns mehr und mehr damit vertraut zu machen.

Gehen wir von der fundamentalen Tatsache aus, dass unser wahres, unsterbliches Wesen in unserem eigenen Innersten Realität ist.

Das göttliche Bewusstsein besteht aus den sieben Grundkräften göttlichen Seins. Es sind die göttliche Ordnung, der göttliche Wille, Gottes Weisheit, der Ernst, Seine Geduld – gleich Güte –, die Liebe und Barmherzigkeit – gleich Sanftmut. Unser Geistleib im Seelengrund beinhaltet also die sieben Grundkräfte Gottes; daraus bildete sich unser geistiger Leib.

Gott ist Geist. Wir Menschen sind in der Tiefe unseres Seins Geistwesen, weil Gott uns als Wesen aus Ihm geschaut und geschaffen hat, eben aus diesen Seinen sieben Grundkräften des Universums – Geistwesen im Geiste des ewigen Vaters, Geistwesen, deren ewige Heimat das Reich Gottes ist. Das Geistwesen, das sich in unserer Seele befindet, gehört dem ewigen, unzerstörbaren Leben, Gott, an.

Jesus von Nazareth sprach sinngemäß: „Das Reich Gottes ist inwendig in euch." Da das Reich Gottes aus den sieben Grundkräften besteht, ist jede Lebensform der himmlischen Natur, die Geistwesen und alle Gestirne des ewigen Seins aus diesen sieben Grundkräften des göttlichen Seins aufgebaut. Die ersten vier Grundkräfte sind die Schaffungskräfte, die drei weiteren sind die Kindschaftskräfte.

Betrachten wir es noch einmal aus einem anderen Blickwinkel: Die sieben Grund-Energien sind all-kosmisches Bewusstsein, und somit ist im Innersten, in unserer Seele, das Reich Gottes als Bewusstsein. Es ist, als Essenz, im Geistwesen angelegt. Da unser geistiger Leib die Essenz der sieben Grundkräfte ist, sind wir als Geistwesen Erben des Reiches Gottes.

Während unseres Erdenganges als Menschen sollen wir wieder göttlich werden. Uns ist also geboten, wieder die Schritte hin zu unserem göttlich-geistigen Lebensquell – Ordnung, Wille, Weisheit, Ernst, Geduld, gleich Güte, Liebe, Sanftmut, gleich Barmherzigkeit – zu tun. Das sollten wir Tag für Tag in den vielen Situationen, Gegebenheiten und Abläufen unseres irdischen Daseins anstreben. Tag für Tag spiegeln uns die Situationen des Tages die diesbezüglichen Lebensaufgaben zu.

Um die Tage zu nützen, müssen wir lernen, uns selbst zu ergründen und in Richtung des Göttlich-Geistigen voranzuschreiten, uns also höher zu entwickeln. Wie? Indem wir lernen, uns zu hinterfragen: Tun wir jeweils, was im Seelengrund pulsiert? Handeln wir entsprechend dem, was wir im Urgrund unserer Seele sind – Geistwesen aus Seinem Geiste? Oder was wäre in uns und an uns zu erkennen oder zu verändern, um dem näherzukommen?

Es gilt also, aus dem, was uns begegnet – und ganz besonders aus dem Widrigen –, zu lernen. Die Basis für unsere Lernprozesse ist immer die Selbsterkenntnis.

Bewältigen wir die sich daraus ergebenden Lebensaufgaben, so tun wir Schritte der Lebensbemeisterung. Darauf bezieht sich der Titel dieses Buches: „Lebensschule zur Lebensbemeisterung".

Machen wir uns noch einmal bewusst: Mit den Worten des Jesus, des Christus, „Das Reich Gottes ist inwendig in euch" hat Er unser kosmisches Bewusstsein angesprochen, unsere wahre Existenz. Das bedeutet: Wir sind auf Erden in der Lebensschule, um zu lernen, was es heißt, unser göttliches Erbe anzutreten. Unsere wahre Existenz ist das Reich Gottes. Unsere wahre Herkunft ist die Wiege im Herzen unseres ewigen Vaters.

Da unser wunderbares Erbe in uns liegt, ist der Weg dorthin auch der <u>Innere</u> Weg. Der Weg zum kosmischen Bewusstsein ist also der Innere Weg zum Reich Gottes in uns.

Der Innere Weg ist ein Weg der Selbsterkenntnis. Um Schritte auf dem Inneren Weg zu tun, setzt das also voraus, dass wir zunächst gelernt haben, uns selbst zu erkennen. Jeder muss erfahren, was es heißt, sich zu hinterfragen und so zu ergründen, ob seine Worte seinen Gedanken entsprechen oder ob seine Gedanken seinen Gefühlen, seinen Wünschen, seinen Empfindungen entsprechen.

Haben wir unsere Widersprüchlichkeiten entdeckt, so heißt es, kritisch zu beurteilen: Ist es gut oder ungut? Erst wenn wir unseren Hintergründigkeiten, unseren eigenen Fehlern, Mängeln und Schwächen, unseren unsauberen Motivationen ins Auge blicken und diese den Geboten Gottes und den Lehren des Jesus, des Christus, in Seiner Bergpredigt gegenüberstellen, wissen wir, was wir auf dem Weg zu unserem wahren Selbst im Einzelnen zu lernen haben. Es kommt nämlich darauf an, das, was wir – vor uns selbst und vor anderen – verbergen, das, was an Ungöttlichem hinter unseren Worten, hinter unseren Gedanken steht, mit der Kraft des Christus Gottes zu bemeistern.

Wie geschieht das? Durch Bereuen, Bereinigen, indem wir um Vergebung bitten und vergeben und indem wir das Ungute nicht mehr tun.

Alles, aber auch alles, was uns am Tag begegnet, was wir sehen, was wir hören, mit wem wir sprechen, aber auch was wir riechen, was wir schmecken, was wir betasten, das uns bewegt, das Gedankenreaktionen oder Worte auslöst, die ungut sind, will uns etwas sagen. Daraus wird das offenbar, was wir bisher an uns nicht erkannt haben und nun erkennen dürfen, um uns wieder unserem Ursprung zu nähern, um also wieder göttlich zu werden.

Sind wir auf diesem Weg der Selbsterkenntnis und Selbstbemeisterung, dann werden wir mit wacheren Sinnen unseren Mitmenschen begegnen.

Wir vermögen dann auch zunehmend mit dem Innersten in unseren Mitmenschen, mit den reinen Aspekten in seiner Seele, Kommunikation aufzunehmen, weil uns mehr und mehr bewusst wird: Im Innersten eines jeden Menschen, einer jeden Seele ist das Geistwesen – es ist unser Bruder, unsere Schwester aus der ewigen Heimat. Mit der Zeit wird auch der Wunsch in uns erwachen, keinen Mitmenschen mehr abzuwerten. Passiert es uns dennoch, so werden wir das aufgrund unserer positiven Eingaben immer rascher erkennen, und es wird uns leid tun, so gedacht und gefühlt zu haben. Ebenso wird es uns mit Anflügen von Missachtung eines unserer Nächsten ergehen.

Das bringt es mit sich, dass wir nicht mehr so oft negativ reden oder einen anderen zu Unrecht beschuldigen. Wir werden insgesamt wachsamer gegenüber unserem eigenen Verhalten. Was gut und richtig ist, werden wir den Geboten Gottes und der Lehre des Jesus, des Christus, entnehmen, und wir werden die Inhalte unseres Denkens und Tuns immer konsequenter daran messen.

Nun geht es um den Weg, die Schritte zu unserem wahren Ziel zu tun. Das wahre Ziel ist der Ursprung, ist das Sein, ist die Herkunft dessen, was im Urgrund unserer Seele atmet.

Wir beginnen mit der ersten Grundkraft, der **Ordnung**, in der Frage:

Halte ich Ordnung in meinem Leben?

Nicht nur Ordnung im Haushalt, nicht nur Ordnung am Arbeitsplatz, sondern vor allem auch Ordnung in meinen Gedanken, Ordnung in meinen Worten?

Eine weitere Frage: Lege ich mir Rechenschaft ab über meine Gefühle, und bin ich wahrhaftig, auch gegenüber meinen Mitmenschen? Achte ich meinen Nächsten?

Wer gehört zu meinen Nächsten? Zu meinen Nächsten gehören auch Natur und Tiere – warum? Weil das kosmische Bewusstsein das Bewusstsein der absoluten Einheit ist, das die göttlichen Wesen, die Menschen, die Tiere, die Pflanzen und die Gestirne umfasst. Also, alles in allem ist das die Einheit. Und die ersten Schritte, die ersten Lernschritte, auf unserem Weg zum wahren Selbst sind nun mal die Ordnungsschritte aus dem Bewusstsein der Ordnung.

Prägen wir uns also ein, dass wir nicht nur Ordnung im Haushalt machen sollten, nicht nur Ordnung am Arbeitsplatz, sondern vor allem Ordnung in unseren Gedanken, Ordnung in unseren Worten – Ordnung in allem, was uns umgibt und was auf uns zukommt.

Dabei müssen wir uns vor allem darüber klar werden, was unser wahres Wesen ist.

Was ist unserem wahren Wesen eigen? – Wir sind als reine Wesen, als Geistwesen, Geist aus

Seinem Geiste, die Ebenbilder unseres himmlischen Vaters.

Vergegenwärtigen wir uns: Gott ist Geist. Gott ist Liebe. Also ist der Weg zum kosmischen Bewusstsein der Weg zur Liebe Gottes, zum Ursprung unsers wahren Seins. Die Liebe Gottes ist das ewige Gesetz des Reiches Gottes. Die Liebe Gottes ist gleichsam die Wiege, aus der Gott, unser ewiger Vater, alle reinen Wesen schuf.

Deshalb ist Liebe unser innerstes Wesen, allerdings derzeit noch überlagert von manch Allzumenschlichem, Ichbezogenen, das wir auch Sünde nennen. Manche drücken es so aus: „Wir sind verkappte Engel."

Wahre Liebe ist selbstlos. Doch was bedeutet „selbstlos"?

Die selbstlose Liebe gibt, ohne Dank und Anerkennung zu erwarten. Sie denkt also nicht an Lohn und schmeichelnde Worte.

Liebe ist – alles in allem – gut. Sie wertet nicht; sie verlangt nicht; sie gibt, weil Liebe gebend ist.

Die göttliche Liebe ist unpersönlich, das heißt: Sie ist nicht auf die Person, nicht auf den Menschen bezogen, weder auf die eigene Person noch auf Mitmenschen.

Wahre Liebe ist gerecht. Gerechtigkeit ist Liebe. Liebe wertet und urteilt nicht; sie steht über Vorstellungen und Meinungen und kennt keine Hoch- und Niedriggestellten.

Auf dem Weg zu unserem wahren Selbst werden wir mehr und mehr aufrichtig, ehrlich zu uns selbst, aber auch zu unserem Nächsten, zu allen unseren Mitmenschen. Wir werden immer weniger urteilen und richten, weil wir uns bewusst werden, dass in jedem anderen ebenfalls im Urgrund der Seele das Geistwesen angelegt ist, so, wie wir auch in uns, in unserer Seele, Geistwesen aus dem Geiste Gottes sind.

Wenn wir uns bewusst werden, wer wir sind, dann erlangen wir mehr und mehr Freiheit und Frieden. Wir finden immer mehr zu uns selbst, zu unserem wahren Wesen. Das bewirkt Charakterbildung, gleich fortschreitende Charakterfestigkeit, Einkehr, zunehmende Verwurzelung und Sicherheit im eigenen Inneren, Verfeinerung unserer fünf Sinne. Wir werden froher, glücklicher; das heißt: geistiges Wachstum, geistige Reife. Wir erlangen das tiefe Gefühl wahrer Geborgenheit und Sicherheit. Das ist der Weg der Lebensschule zur Lebensbemeisterung und somit zum kosmischen Bewusstsein.

Wir lernen, zu uns selbst zu finden, zu unserem wahren, ewigen Wesen. Uns selbst finden heißt, sich selbst zu hinterfragen, um uns durch und durch zu erkennen.

Das Wort „hinterfragen" ist für so manchen ein Stolperstein. „Hinterfragen" heißt: „Was steckt hinter meinen Worten?" Sind meine Worte ehrlich gemeint? – wenn ich z.B. schön rede und gedanklich abwerte. Ein Einwand könnte lauten: „Nun, Gedanken kann man nicht lesen, Gedanken kann man nicht sehen." Doch Gedanken sind Energien, die wir in unserer Seele, aber auch in unseren Körperzellen speichern. Daraus ergibt sich zum Teil die Charakterbildung, positiv oder negativ, und nicht zuletzt das Gesetz von Ursache und Wirkung. Denn was wir an Negativem säen, das ernten wir. Und das Negative manifestiert sich nicht allein im Wort, sondern wirksam ist das, was dahinter steckt: der Gedanke bzw. sein Inhalt. Dieser wird energetisch gespeichert, und daraus ergibt sich Ursache und Wirkung – die Charakterbildung.

Wer sich also selbst nach und nach findet, der urteilt und richtet immer weniger. Warum? Er hat gelernt, sich selbst im Lichte der Lehren des Christus Gottes zu sehen und zu beurteilen.

Auf dem Weg zum kosmischen Bewusstsein, zu unserem wahren Selbst, gewinnen wir innere Eigenständigkeit. Ein wunderbares Wort – Eigenständigkeit! Wir werden uns immer weniger an Menschen anlehnen – warum? Weil wir fühlen, dass in uns eine wunderbare Kraft ist; es ist die Schaffungskraft, die kosmische Liebe, die uns aus dem Reich Gottes zuströmt. Dadurch kommen wir unserem Ursprungs-Land immer näher. Durch diese wunderbare Kraft werden wir feinfühliger. Unsere Sinne nehmen nun um ein Vielfaches mehr wahr, so dass wir spüren: „Warum soll ich mich jetzt an meinen Nächsten anlehnen? Warum soll ich ihn z.B. ersuchen, dass er für mich dies oder jenes tut, wenn ich es doch selbst tun kann? Ich habe die Kraft, es selbst zu tun."

Aufgrund der Eigenständigkeit werden wir auch zunehmend unabhängig von den Mutmaßungen, was unser Mitmensch wohl von uns denkt, ob und wie er schaut, welche Miene er uns gegenüber aufsetzt. Wir beziehen nicht mehr alles auf uns und lassen dem Nächsten seinen Weg – allerdings ohne uns vor ihm zu verschließen.

Daraus erwächst innere Ruhe, Feinfühligkeit, ein wunderbares Gefühl des Friedens, ein inneres Glück, das von Dauer ist. Wir spüren, dem Reich Gottes näher gekommen zu sein.

Das ist der Weg zum Bewusstsein Gottes. Das ist Bewusstseinserweiterung.

Wie schon erwähnt, wächst im Laufe einer solchen Entwicklung wahrlich ein Gefühl der

Geborgenheit, ein Gefühl der Sicherheit und ein gewisses Maß an innerem Gleichmut, das uns befähigt, entschieden zu denken und zu handeln. Das heißt also: Wir wissen, wer wir sind, wenn wir denken, wenn wir sprechen, wenn wir fühlen. – Warum? Weil wir uns selbst gegenüber aufmerksamer geworden sind und uns immer mehr hinterfragen, in dem Bewusstsein: Wer bin ich? Ich bin, der ich in Wahrheit bin. Ich selbst bin das Wesen, das in meinen Gefühlen spricht, in meinen Gedanken und in meinen Worten.

Wir entfalten also die Kraft in uns; es ist die Kraft Gottes, die Kraft unseres ewigen Vaters. Auf diese Weise können wir unseren Mitmenschen Stütze sein. Wir schauen auch der Tierwelt mehr und mehr in die Augen und spüren Gottes Gegenwart, den Schöpfer der Tier- und Pflanzenwelt. Wir fühlen, dass auch die Mutter Erde ein kosmisches Wesen ist, ein Planetenwesen. Es gibt und gibt, also ist Leben in dem Planeten. Und wer ist das Leben? Gott, der Schöpfer, der Geist, das Gesetz, das Liebe ist, denn Liebe gibt, ohne zu fragen, was sie bekommt.

Möge uns dieser Ausblick letzten Endes ein Einblick sein und uns Motivation und Ansporn geben, so dass wir uns im Vertrauen auf Gott immer wieder besinnen und uns erheben. Und wenn wir einmal hingefallen sind, das heißt, wenn wir wieder in unsere alten Gewohnheiten gefallen sind – liebe Leser, dann aufstehen! Gott ist gegenwärtig. Er hilft Ihnen. Denken Sie daran, Er steht Ihnen bei. Es ist unser ewiger Vater, der uns wieder im Reich des ewigen Seins haben möchte als Geistwesen der Liebe.

Es ist also ein wunderbarer Ausblick, der Weg zum kosmischen Bewusstsein, aber auch ein tiefer Einblick, gerade in der heutigen Zeit, in der die Turbulenzen in dieser Welt überhandnehmen und die Welt uns kaum mehr etwas zu bieten vermag. Aber Gott bietet sich an! Er ist unser Vater. Er liebt uns. Und der Christus Gottes ruft uns immer wieder, zu Ihm zu kommen, wie Er schon als Jesus von Nazareth sprach: „Kommet alle zu Mir her, die ihr mühselig und beladen seid. Ich möchte euch erquicken."

Der kosmische Weg beginnt also mit der ersten Stufe, mit der ersten Grundkraft, der Ordnung. So mancher denkt: „Ob ich wohl die Voraussetzungen für den Inneren Weg mitbringe – von der Ordnung bis zur Barmherzigkeit, der Sanftmut?" – O ja! Sie bringen nicht nur die Voraussetzungen mit, Sie haben den Weg bereits in sich! Das ist das Bewusstsein, das wir uns einschärfen sollten: Den Weg ins Vaterhaus haben wir in uns, denn noch sind wir Wanderer auf dem Weg in die ewige Heimat. Jedoch unsere Seele, das Geistwesen in uns, kennt den Weg, und es kennt das Ziel: das himmlische Vaterhaus.

Um für uns eine klare Entscheidung treffen zu können, ist es hilfreich, das Für und Wider abzuwägen. Für oder gegen – wir wägen ab. Doch verzetteln wir uns dabei nicht! Denn eines steht fest – ich darf wiederholen: Der Weg in die ewige Heimat ist in jedem von uns, denn wir sind Wanderer auf dem Weg ins Vaterhaus, um all unser sogenanntes Sündhaftes – wir nennen es auch „Allzumenschliches" – abzulegen, um wieder rein zu werden, reines Gesetz der Liebe, reines Gesetz des Lebens. Denn das reine Gesetz der Liebe ist göttlich; deshalb sind wir auch göttliche Wesen – Geistwesen.

Um das Für und Wider, Innerer Weg oder nicht, leichter abwägen zu können, könnten wir uns vor Augen halten, was uns diese Welt bringt. Wohin uns der Weg in äußeres Glück, in eine „äußere" Freiheit führt, die sich letzten Endes doch wieder als eine Abhängigkeit erweist. Wer weiß darum nicht?

Spielen wir die Möglichkeit ehrlich und konsequent durch, so werden wir bald erkennen: Kaum glauben wir, glücklich zu sein, kaum glauben wir Freiheit gewonnen zu haben, sind wir schon wieder, eventuell auf eine andere Art und Weise, gebunden. Wer kennt das nicht? Also dürfen wir abwägen. Wir selbst entscheiden: Für unser wahres Sein, für wahre Freiheit und Sicherheit – oder gegen unser wahres Leben.

Doch der Weg ins Vaterhaus liegt in uns.

Wie sieht es bei uns Menschen oftmals aus? Suchen wir im Materiellen unser Heil, oder folgen gar den Vorgaben so mancher Vorspiegelungen anderer, die denken, sie wüssten, was für uns gut und richtig ist? Dann werden wir immer und immer wieder scheitern – so lange, bis wir begreifen: Das innere Glück und die wahre Freiheit kann uns kein Mensch auf Dauer geben. Nur der innere Gewinn ist von Dauer, und der kommt vom ewigen Geist, von Gott.

Auf dem Weg zu unserem wahren Erbe, das im Seelengrund pulsiert, werden wir unabhängig. Zwistigkeiten und Streit lösen sich in Freude und Dankbarkeit, wenn wir den Geist Gottes in uns, Christus, unseren Erlöser, um Beistand anrufen und Seine guten Lebensregeln – die der Bergpredigt – im Alltag umsetzen. Dabei kann uns der Kernsatz Seiner Lehre eine praktische Hilfe sein, der lautet: „Was du willst, dass dir andere tun sollen, das tue du ihnen zuerst", anders gesprochen: „Was du nicht willst, dass man dir tu', das füg' auch keinem anderen zu." Diese

Gesetzmäßigkeit wird traditionell auch als die „Goldene Regel" bezeichnet.

Um den Weg zu gehen, müssen wir lernen, uns nicht mit unserer niedrigen Natur, dem Allzumenschlichen, dem Sündhaften, zu identifizieren und dieses dadurch festzuhalten. Immer wieder aufs Neue – vor allem, wenn wir in Missmut, in Mutlosigkeit oder in Trübsinn zu versinken drohen – sollten wir uns bewusst werden, dass wir Wesen aus dem reinen Sein sind, Wesen aus dem Reich Gottes. Wir sind nur eingekleidet in unsere Menschenkörper, doch in der Tiefe unserer Seele sind wir kosmisches Bewusstsein, sind wir Geistwesen aus Seinem Geiste.

Liebe Leser, es wird uns nicht immer leicht fallen, uns bewusst zu werden, dass wir im Urgrund unserer Seele Geistwesen sind, vor allem dann, wenn uns eine gewisse Lethargie, Gleichgültigkeit oder gar eine Depression überfällt. Aus eigener Erfahrung kann ich sagen: Nicht nachgeben! Zwingen Sie sich, immer wieder daran zu denken – zwingen Sie sich so lange, bis sie den Hebel umlegen und sich sagen: „Depressionen, Lethargie, Gleichgültigkeit, Abhängigkeit und Gleiches und Ähnliches sind allzumenschliche Komponenten, die mich nur in den nächsten sündhaften Gedanken herabziehen und mich an äußere Dinge binden wollen, die mir nur Schwierigkeiten und Sorgen bereiten." Richten Sie sich also auf! Erheben Sie sich aus Ihrem Tiefgang. Treten Sie diesem Herabziehenden mutig entgegen, und entscheiden Sie: „Das gehört nicht zu mir! Ich akzeptiere es einfach nicht. Ich drehe es um ins Positive!"

Lassen Sie nicht locker! Wir sind Menschen in der Bewegung des Für und Wider. Machen Sie sich, so oft es geht, bewusst, dass Sie im Urgrund Ihrer Seele ein Geistwesen sind und dass Ihr geistiger Leib unsterblich ist. Warum? Weil Gott, unser ewiger Vater, der Sie geschaut und geschaffen hat, nicht sterben kann. Also kann auch Ihr geistiger Leib, unser aller geistiger Leib, nicht sterben. Die Hülle, der physische Leib, fällt eines Tages von der Seele ab, und wir setzen als

Seele den Weg ins Vaterhaus fort. Im Jenseits – oder in folgenden Inkarnationen – fallen von uns weitere allzumenschliche Prägungen und Hüllen ab, so dass aus der Seele ganz allmählich das Geistwesen hervorgeht – voller Licht, voller Kraft, Einheit und Einssein mit Gott, unserem Vater, mit allen reinen Wesen und mit allem reinen kosmischen Sein.

Es lohnt sich also, immer wieder zu sagen: Ich werde mich jetzt bezwingen und daran glauben, dass ich im Urgrund meiner Seele ein Geistwesen bin und dass alle meine Depressionen, Lethargien, Gleichgültigkeiten und Abhängigkeiten nur allzumenschliche Komponenten sind.

Vergessen Sie aber nicht: Um für dieses Umdenken freie Bahn zu schaffen, ist es unbedingt notwendig, zunächst die Ursachen unserer Misshelligkeiten zu erforschen: Wo kamen, wo kommen sie her?

Wir sollten lernen, uns zu hinterfragen – denn alle diese Komponenten haben Gedanken und Gefühle –, und in diesen Gefühlen, in diesen Gedanken liegt das sogenannte Sündhafte, woraus sich z.B. die Depression, die Abhängigkeit, die Gleichgültigkeit oder die Lethargie ergibt.

Sich zu hinterfragen, ist sehr interessant! Wissen Sie, warum? Weil wir uns dadurch selbst erkennen als der Mensch, der wir derzeit noch sind. Die meisten Menschen erkennen sich nicht. Sie glauben, ihr Wort z.B. sei nun mal ihr Wort. Doch wenn wir wachsam sind und uns tatsächlich hinterfragen: „Ist mein Wort wirklich mein Gedanke?" – dann werden wir hin und wieder erschrecken, denn wir müssen feststellen: Wir denken vielfach anders, als wir reden, oder wir fühlen ganz anders, als wir denken oder wollen.

Deshalb ist das Hinterfragen so wichtig und heilsam für uns. Gerade das unerkannte, untergründige und verhohlene Negative ist sehr gefährlich für uns. Obwohl es uns oftmals nicht bewusst ist, wirkt es sich unheilvoll aus: Gerade das ist es, was wir speichern. Und, ob wir es wahrhaben wollen oder nicht, das sind wir tatsächlich.

Nicht die schönen Worte sind wir, sondern das, was hinter den schönen oder gar süßen Worten steht. Das sind wir, und das speichern wir, und daraus ergeben sich Depressionen, Abhängigkeiten, Gleichgültigkeiten und nicht zuletzt auch so manche Krankheit.

Wohlgemerkt: Wir müssen letztlich mit uns ringen – um nicht zu sagen, mit uns kämpfen –, um die Bewusstwerdung zu erlangen, dass wir im Urgrund unserer Seele Geistwesen sind. Versuchen Sie es! Sie schaffen es! Wer möchte, schafft es, denn er hat die Kraft Gottes, die Kraft unseres ewigen Vaters, in sich, die hilft, die ihm – die uns – beisteht.

Und wir wissen auch: Christus ist unser Erlöser. Die erlösende Kraft möchte uns an die Hand nehmen und uns den kosmischen Weg der Freiheit, der Einheit, der Gerechtigkeit führen, den Weg hin zur göttlichen Liebe. Denn Gott ist Liebe, und unser ewiger Vater erwartet uns, Seine Kinder, im Reich des ewigen Seins, im Reich Gottes, das unsere wahre, ewige Heimat ist.

Bewusste, konsequente Arbeit an uns selbst.
Wir werden zuversichtlicher, freudiger,
aktiver, friedvoller, glücklicher, freier –
neue Perspektiven in allen Lebensbereichen

Viele mögen festgestellt haben, dass ihnen so manche Sichtweise, so mancher Gedankengang bisher nicht vertraut war und noch nicht vertraut ist. Sie fragen sich eventuell: „Warum ist das so? Das Christentum besteht schließlich nicht erst seit gestern." – Damit hat es seine eigene Bewandtnis.

Die Gesinnung derer, die sich als Christusnachfolger von heute begreifen, ist nicht auf den institutionellen Kirchengott ausgerichtet, sondern sie sind bestrebt, sich nach den Lehren des Jesus, des Christus, auszurichten. Nun dadurch erfahren wir, dass Gott, unser Vater, Liebe ist. Das ist der Gott, den Jesus uns Menschen nahebrachte. Wir sind also Nachfolger des Jesus, des Christus, weil wir den Gott anbeten, den Jesus von Nazareth, der Christus Gottes, uns damals lehrte und heute erneut lehrt.

Jesus zeigte uns Menschen schon vor 2000 Jahren auf, worauf es im Leben wirklich ankommt, und Er tut es heute wieder. So erfahren wir von Ihm, wie sich unser Zusammenleben mit unseren Mitmenschen gestalten sollte, ebenso mit den Tieren und mit der Natur. Jesus, der Christus, offenbart uns durch das Prophetische Wort, wie wir Gott und unserem wahren, ewigen Sein Schritt für Schritt näherkommen können und vieles, vieles mehr.

Das Wie – wie zu denken und zu handeln wäre – könnten wir als „Gesetzmäßigkeiten des Lebens" bezeichnen. Die Beachtung der Gesetzmäßigkeiten des Lebens, die z.B. die Goldene Lebensregel des Jesus, des Christus, nahelegt, führt uns heimwärts, also himmelwärts.

Die wunderbaren Gesetzmäßigkeiten des Lebens, die uns Jesus von Nazareth lehrte, erleben wir unter anderem im Vaterunser. Das Vaterunser, in der Tiefe erfasst, zeigt uns, dass wir im Urgrund unserer Seele Geistwesen, Wesen aus Seinem Geiste, sind. Das Geistwesen ist letzten

Endes komprimiertes, ewiges Gesetz Gottes, das wir im Gebet des Vaterunsers erspüren und mehr und mehr erfassen. Dies ist besonders dann der Fall, wenn wir es mit Inbrunst beten und uns des Inhalts der Worte bewusst werden, die uns von Jesus im Vaterunser gegeben sind. Je öfter wir diese Worte mit dem Herzen beten, desto mehr wird uns bewusst: In Gott, unserem Vater, sind wir in Seinem Geiste Söhne und Töchter Gottes und somit Ebenbilder Gott-Vaters, die Geist aus Seinem Geiste sind.

Im Geiste unseres ewigen Vaters gibt es keinen Tod. Geistwesen sind ewig jung, ewig existierend, weil Gott eben ewig ist. Das heißt also: Nur unser physischer Leib scheidet am Ende unserer Erdentage hin, niemals aber unsere Seele, die sich ganz allmählich zum göttlichen Wesen entwickelt, das im Urgrund der Seele angelegt ist.

Das Geistwesen, das wir waren und immer sein werden, liegt also in uns, im Seelengrund, und möchte in uns zur Entfaltung kommen.

Halten wir uns doch des öfteren vor Augen, ich wiederhole: In jedem von uns ist im Seelengrund das göttliche Wesen, das Geistwesen, das ewig lebt, das ewig jung, ewig schön ist, das ewig glücklich ist, das die Freiheit, das der Friede ist. Warum ist das so? Weil das Geistwesen die Essenz aus dem Geist Gottes ist, aus dem Gesetz der Unendlichkeit, in dem Freiheit, Friede, Glück, Schönheit, Freude, Seine Kraft, Güte und Weisheit walten.

Und vergessen wir nicht: Wir sind Liebe aus Seiner Liebe! Liebe beinhaltet wiederum Schönheit, Freude, Glück, Freiheit, Frieden. Das sind Bestandteile der Grundkräfte unseres wahren Seins, von denen schon ausführlich die Rede war.

Denken und handeln wir entsprechend unserer göttlichen Ursubstanz, so werden diese Aspekte unseres ewigen Wesens in uns mehr und mehr lebendig werden. Ausschließlich dadurch kommen wir unserem wahren Sein näher. Unser wahres Sein ist also das Wesen aus Gott, in Gott.

Diese Botschaft ist neu für all jene, die bisher im Gedankengut der sogenannten „christlichen" Kirchen befangen waren. Doch sie ist beileibe nicht neu! Jesus, der Christus, war schon bestrebt, diese frohe Botschaft der Menschheit zu vermitteln. Nun schenkt Er uns in Seinem Wort erneut die Wahrheit der Himmel. Weltweit horchen unzählige Menschen auf, und immer mehr kehren zum wahren, urchristlichen Glauben zurück.

Wir alle, auch Sie, liebe Leser, sind eingekleidete kosmische Wesen! Wir alle sind Menschen, doch tief in unserer Seele pulsiert das ewige Leben, das wir in Wahrheit und in Ewigkeit sind. – Eine wunderbare, tröstliche und verheißungsvolle Nachricht! Der Tod kann uns nicht mehr schrecken, denn er besteht nur im Hinscheiden unseres physischen Leibes, der ja von dieser Erde ist. Doch unsere Seele ist nicht von dieser Erde. Tief im Seelengrund ist unser wahres Wesen lebendig, und das wird wieder zurückkehren ins Vaterhaus.

Für unser Erdenleben bedeutet das: Jeder Einzelne von uns ist durch Jesus, den Christus, unseren Erlöser, gerufen, wieder zurückzukehren in das Reich Gottes – zurück zu Gott, unserem Vater, in die ewige Heimat, von wo wir ausgegangen sind. Durch die erlösende Kraft des Christus Gottes sind wir berufen, unser Leben bewusst in Seinem Geiste zu gestalten, im Sinne von Glück, Freiheit, Frieden, alles in allem: der kosmischen Liebe.

So ist uns allen dieses Angebot aus dem Geiste Gottes gegeben, damit wir erkennen und erleben, dass wir nicht von dieser Welt sind! Wir sind Menschen <u>in</u> dieser Welt, doch wir sollten nicht <u>mit</u> dieser Welt sein, mit all den Niedrigkeiten und Nichtigkeiten, die in dieser Welt Gang und Gäbe sind. Lassen Sie sich vom Christus Gottes, von Seinem Geist, der in Ihnen wohnt, führen!

Tun Sie, was uns Jesus, der Christus, lehrte, dann fühlen Sie, was kosmischer Weg bedeutet. Was kann uns schon diese laute, dunkle Welt bieten? Einzig Der bietet uns das Licht der Himmel, der das Licht ist: Jesus, der Christus, unser Erlöser.

Der kosmische Weg ins Vaterhaus ist der Weg der Liebe, die alles schenken und wirksam werden lassen möchte, was das kosmische Sein an Gaben für uns bereit hält.

Auf dem Weg zu unserem wahren Ursprung, dem Reich Gottes, gibt es Höhen und Tiefen. Warum? Weil wir Menschen sind und weil wir uns vielfach von unserem wahren Selbst, von unserer wahren, göttlichen Existenz, von unserem göttlichen Sein, abgewendet haben – wir haben gesündigt. Und Sünde ist immer die Abkehr vom Licht; Sünde ist Dunkelheit, ist Verschattung der Seele.

Das Sündhafte hat das göttliche Wesen, unsere wahre Existenz, verdunkelt, also umhüllt; wir könnten auch sagen: Wir haben Nebelschwaden darüber gelegt, so dass wir die Tiefe unseres wahren Lebens nicht mehr zu schauen und vielleicht gar nicht mehr so schnell zu finden vermögen.

Der Zustand dieser Welt ist der Beweis, wohin es geht, wenn man nur von Gott redet, aber Seinen Willen unbeachtet lässt. Wir brauchen also den Weg heraus aus dem Energiefeld dieses Weltspektakels dringender denn je. Der einzige Weg ist Jesus, der Christus. Er selbst sagte uns als Jesus: „Ich Bin der Weg, die Wahrheit und das Leben." Jesus, der Christus, wies darauf hin, dass keiner zum Vater kommt, außer durch Ihn. Warum? Weil Er seit Golgatha die erlösende Kraft und somit der Weg ist, weil Er mit uns geht, hin zum ewigen Vater, zu unserem wahren Ursprung, der ewiglich besteht.

Der Weg zurück geht nur über bewusste, konsequente Arbeit an uns selbst. Letztlich müssen wir – und irgendwann werden wir, ob wir wollen oder nicht – unsere allzumenschlichen Höhen und Tiefen durchwaten.

Das kann folgendermaßen aussehen: Wir werden einmal da, dann wieder dort Anstoß nehmen, und oftmals werden wir klagen: „Ach, ist das schwer!" Doch wenn wir das sagen, also bejahen, dann wird es uns auch schwer werden. Sagen wir aber: „Aha, hier ist ein Stein, der angeschaut werden muss, ein Stein des Anstoßes, der mich aufhalten möchte auf dem Weg zu höherer Ethik und Moral", dann sind wir bereit, ihn daraufhin näher anzuschauen.

Was er uns wohl mitteilen will? Er signalisiert uns Aspekte unseres Sündhaften, unseres unethischen Verhaltens, wir sagen auch: Aspekte unserer Niedrigkeit oder Schuld, die immer mehr oder weniger eine Abkehr von unserem wahren Wesen sind.

Die Ursache kann der Streit mit dem Nächsten sein, Hass, Neid, Feindschaft, Leidenschaft, Gier, Ausbeutung von anderen; es können auch Süchte aller Art sein und vieles mehr. Das sind Niedrigkeiten; das ist das Unethische, die Unmoral.

Dann heißt es also nicht, einfach den Stein aufzuheben, ihn beiseite zu legen oder gar wegzuwerfen – nein: Es gilt, ihn ganz allmählich abzuarbeiten mit Dem, der allgegenwärtig ist, dem Christus Gottes, der uns beisteht und hilft.

Schauen wir den Stein an!

Heute sagt er uns, was wir z.B. am Arbeitsplatz bereinigen können.

Morgen sagt uns ein immer kleiner werdender Stein, wie wir in unsere Familie Frieden bringen können.

Übermorgen sagt er uns, dass wir zu sehr im Leidenschaftlichen verhaftet sind.

Dieses könnten wir abbauen, jenes könnten wir lassen, also nicht mehr tun. Und wenn wir jeweils das Anstehende aufarbeiten, mit der Hilfe des Christus Gottes, des erlösenden und befreienden Geistes in uns, bereinigen, also in Ordnung bringen, so geht es voran.

Auf diese Weise schaffen wir Ordnung in unserem Leben, Ordnung am Arbeitsplatz, Ordnung in der Familie und nicht zuletzt Ordnung in unseren Gedanken und Verhaltensweisen. Daraus ergibt sich dann ein höherwertiges Charakterbild.

Ist uns ehrlich an einer Umkehr gelegen, so sind die Schritte der Bereinigung immer die gleichen. Wir sagen z.B. sinngemäß: „Das tut mir jetzt leid! Ich bereue das, was ich angerichtet habe. Und ich will es bereinigen auf dem Weg der Bitte um Vergebung, der Vergebung und indem ich gleiches und ähnliches Ungute nicht mehr denke, rede und tue." Ganz wichtig ist dabei, künftig nicht mehr so zu denken, zu reden und zu handeln.

Wenn wir dies strikt anwenden, dann werden wir sehr bald merken: Von Mal zu Mal wird der Stein kleiner, und dann ist er irgendwann verschwunden. Mit der Hilfe des Christus Gottes haben wir ihn aufgelöst. So gehen wir wieder einige Schritte weiter hin zu unserem wahren Selbst, zu unserem wahren Ursprung. Auf diese Weise kommen wir dem Reich Gottes in uns näher, denn Jesus sagte ja schon: Das Reich Gottes ist inwendig in euch.

Und wohin führt uns das? Welche Auswirkungen sind dann zu erwarten? Was also bringt es uns? –Wir werden freudiger. Wir werden zuversichtlicher. Wir werden hoffnungsvoller, friedvoller, glücklicher, freier. Unser Charakterbild wird feiner und edler. – Wer wünscht sich das nicht?

Auf diese Weise reifen wir dem kosmischen Bewusstein entgegen. Das ist also der Weg zum kosmischen Bewusstsein, zur Quelle universellen Seins.

So manchem, der sich auf das für viele neuartige Gedankengut einstellt, kommt die Frage: Könnte es sein, dass die Seele die Existenz dieses kosmischen Lebens ahnt? Denn das geistige Wissen darum gibt es ja in den Institutionen Kirche nicht. Und obwohl unter den Kirchengläubigen all diese geistig-göttlichen Zusammenhänge nicht bekannt sind, haben dennoch so viele Menschen eine innere Sehnsucht nach diesem Frieden, nach dieser Gottnähe. Sie spüren, dass es mehr geben muss als die oftmals leeren Worte in den Kirchen, und sie machen sich auf, Tieferes zu suchen.

Es ist wirklich eine Gnadengabe Gottes, dass diese Wahrheiten heute auch gefunden werden können! Und wer beginnt, sie umzusetzen, der schätzt sich glücklich, weil ihm deutlich wird, dass sich sein inneres – nicht selten auch sein äußeres – Leben in mancherlei Hinsicht zum Guten wendet.

Menschen in der Nachfolge des Jesus, des Christus, haben in der Lebensschule gelernt, den Tag mit einem Gebet zu beginnen. Das ist manchmal nicht einfach, denn jeder Tag hat seine Last, und auch am Morgen kann schon einiges in Bewegung sein. Z.B. fühlen wir uns unausgewogen. Wir spüren ein drückendes Gefühl. Wir wollen nicht aufstehen, wollen uns nicht waschen und ankleiden. Wir stehen missmutig auf. Wir wollen uns am liebsten verbergen, sind unglücklich über den Tag, der vor uns liegt.

Dann ein Rat: Raffen Sie sich jetzt auf, zu beten, und legen Sie all das Ungute, jene Negativenergien, die Sie schon am Morgen niederdrücken möchten, in Ihr Gebet. Reden Sie zu Gott, Ihrem und unserem Vater, und zu Christus, unserem Erlöser! Sprechen Sie – sagen Sie es Ihm! Zwar weiß Er es, weil Er um alle Dinge weiß. Dennoch: Sprechen, ja beten Sie es aus sich heraus. Bitten Sie um Beistand und um Hilfe! Sie werden erfahren, wenn Sie Vertrauen schöpfen, wenn Sie inniglich beten, dass Gott in Ihnen gegenwärtig ist, weil Sie der Tempel Gottes sind; dass Er sich Ihrer annimmt, gemäß Ihrer Hinwendung. Dann wird es Ihnen leichter, und der Tag wird sonniger. Versuchen Sie es! Es ist immer einen Versuch wert.

Geben Sie also der Missgestimmtheit nicht nach! Versuchen Sie ein kurzes, inniges Gebet. Ja, sprechen Sie alles aus sich heraus, sagen Sie es Ihm. Tun Sie es immer und immer wieder, und Sie werden in Bälde fühlen: Irgend etwas in Ihnen perlt empor. Es ist ein ganz feines, zartes Ahnen, dass Sie im Innersten berührt werden von Dem, der im Urgrund Ihrer Seele pulsiert. Es ist ein Hauch der Ewigkeit, des Ewigen.

Überlassen Sie sich niemals der Trübsal! Geben Sie nicht nach! Dann merken Sie: Es ist etwas in Ihnen. Wenn Sie es auch noch nicht fassen oder gar beschreiben können – beten Sie weiter! Sobald Sie den ganzen Unrat am Morgen schon Gott übergeben und um Hilfe bitten, dass der Tag einigermaßen gut werden möge, spüren Sie in Ihnen eine Kraft, und der Tag wird wirklich und wahrhaftig erfreulicher.

Sie schöpfen Hoffnung. Aufgerichtet durch die innere Kraft, sagen Sie zu sich selbst: „Unsinn, was denke ich da! Ein neuer Tag – ich beginne ihn mit der Kraft Gottes. Seine Kraft überwindet alles Ungute!" In feinen Nuancen aus dem Urgrund Ihrer Seele merken Sie: Gott ist gegenwärtig. Sie fühlen tief in Ihrer Seele: Gott nimmt Sie wahr. Er strömt Ihnen positive Kraft zu. Das ist ein feiner Beweis, dass Gott, unser ewiger Vater, in Christus, unserem Erlöser, gegenwärtig ist. Kein anderer kann Ihnen diesen Beweis geben. Weder ich noch ein anderer vermag das. Sie selbst haben den Beweis erlangt, denn Gott hilft.

Und wenn Sie sich am Morgen, schon beim Erwachen, gut fühlen, so danken Sie Gott im

Gebet. Was hochperlt, kann Freude sein. Sie erleben: Der Tag beginnt mit Gott; der Tag beginnt in Seinem Geiste.

Eventuell wird so mancher sagen: „Ich glaube nicht an Gott, ich bin Atheist. Warum soll ich beten?" Ich möchte diesen Menschen, die ja unsere Brüder und Schwestern sind, sagen: Ich bin davon überzeugt, dass Sie in der Tiefe, ganz in der Tiefe, sehr wohl an Gott glauben! – Vielleicht lehnen Sie nur den strafenden Gott, den züchtigenden Gott ab, den die Kirchen ihren Gläubigen weismachen. Diesem Trugbild dürfen Sie getrost den Rücken kehren. Es gibt den strafenden und züchtigenden Kirchengott nicht!

Das ist ein ominöses Bild – aber nicht die Realität. Gott ist <u>Liebe</u>. Gott ist allgegenwärtige, vergebende, verzeihende Kraft. Das hat uns Jesus im Vaterunser gelehrt. In der ganzen Unendlichkeit gibt es keinen Ort der ewigen Hölle, denn, wie schon erwähnt, Gott straft und züchtigt nicht.

Das müssen wir uns vergegenwärtigen: Gäbe es einen Ort der ewigen Verdammnis, dann wäre die Sünde größer als Gott. Wenn wir uns dessen bewusst werden, dann verlieren wir auch die Angst vor der ewigen Verdammnis. Es gibt keine ewige Verdammnis! Es gibt unter Umständen eine schwere Sünde, die wir uns aber durch unser gegensätzliches Verhalten selbst auferlegt haben. Doch auch die schwerste Sünde kann und wird getilgt werden, weil der Christus Gottes unser Erlöser ist. Jegliche schwere Sünde, die oftmals – eventuell schon als Mensch im Zeitlichen – abzutragen ist, wird mit der Hilfe des Christus Gottes aufgelöst werden, so dass unser wahres Wesen wieder zurückkehren kann ins Vaterhaus.

Wir sollten also die Angst vor der ewigen Verdammnis verlieren – ja, wir könnten sogar die Angst vor dem sogenannten Tod verlieren. Denn der Tod ist nichts anderes als das Ablegen des physischen Leibes, damit die Seele weiterzugehen vermag.

Jeder Mensch lebt in einem Erdlebensrhythmus; es ist die Zeitvorgabe von der Geburt bis zum Tod. Den sollen, ja, den dürfen wir nicht unterbrechen. Wir selbst haben ihn angenommen bei unserer Geburt, also können wir nicht sagen: „Ich persönlich töte meinen Leib" oder: „Ich lasse ihn töten". In den Geboten Gottes heißt es: „Du sollst nicht töten." Also sollte weder ich selbst noch ein anderer meinen Leib töten. Er unterliegt dem natürlichen Rhythmus von Geburt bis zum Hinscheiden.

Führten wir unseren Tod willentlich herbei, so gingen wir dadurch unseren Misshelligkeiten keineswegs aus dem Weg! Wir bleiben als Seele dieselben und müssten uns dann weiter ertragen, eventuell noch leidvoller als zuvor ...

Grundsätzlich ist es folgendermaßen: In Wirklichkeit gibt es keinen Tod – nur das Hinscheiden der physischen Hülle, so dass die Seele weitergehen kann. Und jede Seele nimmt ihren Weg, hin zum Lebensquell oder zu einer weiteren Inkarnation, je nachdem, was sich die Seele auferlegt hat. Deshalb die „Lebensschule zur Lebensbemeisterung", deshalb der „kosmische Weg".

Zu wiederholten Erdenleben ist zu sagen: Gott möchte nicht, dass unsere Seelen immer wiederkehren, immer wieder das Fleisch annehmen. Gott möchte, dass wir Jesus, dem Christus, hier und heute die Hand reichen und Ihn bitten: „Führe mich hin zu meinem ewigen Ursprung als göttliches Wesen!" – Tief in uns spüren wir dann: Die Sünde, die Abkehr von Gott, hindert uns heimzukehren. Also sollten wir mit der Hilfe des Christus Gottes Tag für Tag unser Ungutes, wir nennen es auch Sünde, erkennen, bereuen, bereinigen und nicht mehr tun. Dann finden wir heraus aus dem sogenannten Rad der Wiederverkörperung und erleben wahrlich die wunderbare Lebensschule, denn Jesus, der Christus, hilft uns. Und wir spüren selbst: Ja, wir sind Menschen in der Lebensschule. Wir sind Menschen, um mit Christus unser Erdenleben, zu meistern. Dann werden die Tage lichter, und wir leben bewusster. Das ist der kosmische Weg.

All das lässt uns spüren: Gott liebt uns unverbrüchlich – ja, Er liebt uns alle! Kehren wir um! Wenden wir uns Gott zu, indem wir Schritt für

Schritt tun, was der Ewige uns durch Mose gab: die Zehn Gebote – und Jesus die Lehren der Bergpredigt. Wenn uns die Worte der Bergpredigt zu schwer sind, nehmen wir doch den zentralen Satz der Bergpredigt: „Was du willst, dass dir andere tun sollen, das tue du ihnen zuerst!" Anders gesprochen: „Was du nicht willst, dass man dir tu', das füg' auch keinem anderen zu!" Das ist nicht schwer zu verstehen und auch nicht schwer zu tun!

Werden Sie sich mehr und mehr bewusst: Tief in Ihnen, tief in uns allen ist etwas. Vielleicht wollen Sie es nicht „Gott" nennen, sondern „höchste Intelligenz" oder „absolute Weisheit" oder „allgegenwärtige Kraft". Ganz gleich, welchen Namen Sie diesem „Etwas" auch geben – es ist der Ur-Ewige, es ist der Ur-Strom, das Ur-Leben. Viele Menschen weltweit bezeichnen dieses Ur-Sein, das Ur-Leben, als GOTT. Wir Nachfolger des Jesus, des Christus, hängen nicht an der Bezeichnung, an dem Wort „Gott". Für uns ist Gott die ewige All-Existenz, das kosmische Bewusstsein, die Intelligenz der Unendlichkeit.

Und diese all-ewige, unendliche Kraft wirkt immer zum Positiven und bringt nur Positives hervor!

Wie könnten wir uns nun im Alltag verhalten?

Haben wir uns am Morgen durch die Kraft des Allerhöchsten eingestimmt, so haben wir die Weichen in rechter Weise gestellt. Mögen dann auch Ereignisse auf uns zukommen, die uns niederdrücken wollen! Es kommen z.B. Probleme und Sorgen auf uns zu, Menschen, die uns beschimpfen; vielleicht ein Todesfall oder anderes mehr. Halten wir dann inne! Lassen wir uns nicht von dieser Situation vereinnahmen.

Ein Ruf nach innen, in der tiefen, innigen Bitte: „Christus in mir! Gott, der Ewige, in mir! Ich bitte um Beistand und Hilfe!" – Halten wir also inne, und wir merken plötzlich, dass Sorgen, Ängste, Nöte aller Art von uns etwas Abstand nehmen.

Stellen wir die Weichen auf die Allmacht unseres ewigen Vaters – und diese Seine Macht wird uns stützen und tragen: Wir können dann das Ganze gelassener näher betrachten; wir können es anschauen und können die nötigen Schritte einleiten.

Auch das ist Ordnung in unser aller Leben. Nicht gleich verzweifeln, sich nicht gleich in die Situation hineinstürzen – nein, Abstand nehmen, um das Ganze auf und in uns wirken zu lassen, es auszuloten. Dann werden wir plötzlich erkennen, wie wir uns in dieser oder jener Situation verhalten sollen. Und so wir diese kleinen Schritte tun, spüren und erleben wir, dass jemand an unserer Seite ist: Es ist Gott, die Liebe, die uns beisteht, denn wir sind Sein Kind, Sein Sohn, Seine Tochter.

Lieber Leser, probieren Sie es aus! Sie selbst sind der Beweis, dass Gott existiert. Sie selbst sind der Beweis, dass Sie ein Sohn, eine Tochter Gottes sind, und dass Gott, unser ewiger Vater, an Ihrer, an unserer Seite ist, uns beisteht und hilft durch Christus, unseren Erlöser, durch die erlösende und helfende Kraft.

Sie merken sicherlich: Die Schulungen des Weges zum kosmischen Bewusstsein sind keine theoretischen Abhandlungen. Auf dem Weg zum kosmischen Bewusstsein erlangen wir die Evolution, das heißt, wir entwickeln Talente, die wir bisher an und in uns noch nicht entdeckt haben. Und diese Evolution, also die neuen Talente, können nicht nur in der Familie eingesetzt werden, sondern vor allem auch im Berufsleben. Der Betrieb wächst mit uns durch unsere Evolution, durch die Entwicklung neuer, weiterer Fähigkeiten. Dies führt, besonders in der heutigen Zeit, zu einem erfüllten Leben.

Gerade dort, wo es suchende Menschen gibt und in den Betrieben und in den Geschäften immer das Gleiche zu finden oder anzutreffen ist, da stumpfen die Menschen ab. Daher bringen erfolgreiche Geschäfte, erfolgreiche Betriebe, Neues – durch geistige Evolution, welche Kreativität und Ideenreichtum mit sich bringt.

Der Weg zum kosmischen Bewusstsein eröffnet also neue Perspektiven in allen Bereichen des täglichen Lebens, sowohl im privaten wie auch im Leben in der Gemeinschaft.

*Die kostbare Lebensenergie, die wir
in dieses Erdenleben mitgebracht haben,
möchte einstrahlen in unser Dasein.*

Erinnern wir uns: Wir sind auf Erden, um wieder göttlich zu werden!

Wenn uns der Weg zu unserem kosmischen Bewusstsein, zu dem inneren Wesen, das wir in Wirklichkeit sind, der Innere Weg, auch manchmal schwer fällt, so dürfen wir doch gewiss sein: Gott ist immer an unserer Seite. Er verlässt uns nie.

Diese Sicherheit ist ein unschätzbares Gut: Gott lässt uns nicht allein! Wenn wir uns von Ihm abwenden und glauben, unser Ego müsse alles meistern, dann haben wir den freien Willen, das zu tun – doch Freiheit ist das nicht!

Wahre Freiheit gewinnen wir, indem wir uns Gott hingeben, dem Ewigen, der kosmischen Intelligenz, dem unendlichen Sein ... Ein Ruf zu Ihm – schon bauen sich wieder Hoffnung und Zuversicht auf. Und mit der Zeit spüren wir: Die Hilfe ist gegenwärtig.

Versuchen Sie es! Probieren Sie es aus! Wenn's heute nicht geht, ist's morgen schon besser. Übermorgen wird's noch besser. Und plötzlich sagen wir: „Ohne diese Schritte hin zu Ihm, zu Gott, unserem ewigen Vater, kann ich nicht mehr existieren."

Ja, die Erfahrung zeigt: Man kann wahrlich nicht existieren ohne Ihn, weil Er das Leben ist!

So mancher mutmaßt insgeheim: „Wenn ich diese Schritte zum kosmischen Bewusstein tue, dann muss ich vielem entsagen." – Doch so ist es nicht! Wir sollten uns nur nicht in die Welt stürzen oder z.B. dem Alkohol schrankenlos frönen. Aber wenn wir hin und wieder mal ein Gläschen oder ein Glas Wein zu uns nehmen – das schadet doch nicht.

Oder wenn wir reisen wollen, wenn wir noch einiges in der Welt sehen wollen – warum nicht? Dann sollten wir daran denken: Gott ist immer an unserer Seite. Nehmen wir Ihn bewusst mit, wenn wir unseren Wünschen folgen! Dann werden wir sehr bald erkennen, dass vieles, was wir bisher als angenehm und schön betrachtet haben, uns immer weniger gibt. Warum?

Weil wir Tieferes gewonnen haben, weil unsere Wahrnehmungs- und Erfahrungswelt sich inzwischen verändert hat. Wir merken: Gewisse stille Stunden, Erlebnisse in der Natur, die Hinwendung zu Gott in unserem Inneren, die Zwiesprache mit Ihm im Gebet sind uns nun letztlich mehr wert als äußere Ablenkungen, Freuden und Genüsse.

Doch sollten sich hartnäckig Gedanken melden wie: „Ich schaue mir dies oder jenes noch an, damit ich in mir selbst Frieden finde, weil ich glaube, ich müsste es noch tun." – dann sollten wir es tun! Wir werden bald feststellen, dass jetzt der Anreiz zurückgeht, so dass wir uns nicht mehr in jene Fangseile verstricken lassen, in denen viele Menschen weiterhin ihr Glück suchen.

Haben wir Schritte auf dem Inneren Weg getan, so wird sich manches ändern: Wir überdenken mehr, bevor wir uns in irgendetwas hineinstürzen, auch z.B. in eine Liebschaft. Betrachten wir doch das, was uns momentan anzieht, einmal realistisch, und wägen wir ab. Was bringt es? Liebschaft ist noch lange nicht Liebe. Oft lieben wir am Nächsten nur das, was wir nicht haben. Oder wir lieben das, was uns momentan gefällt – morgen aber ist es bereits vorbei. Und was ist dann?

Menschen, die Schritte auf dem Weg des Inneren tun, stellen fest: Vieles bringt uns nichts mehr. Was früher erstrebenswert war, wird zunehmend uninteressant. Wir fühlen: Wir haben Höheres entfaltet. Unsere Sinne sind feiner geworden. Wir selbst – wir, der Mensch – sind ein feineres Instrument, das mehr wägt und misst, bevor es sich unbedacht in das Allzumenschliche stürzt. Wir sehen nun klarer. Wir haben erfasst: Vieles, was wir frühere im Äußeren zu erleben versucht haben, ist meist, bevor wir es tatsächlich erlebt haben, schon schal geworden und somit leer, also hohl und schon nicht mehr erstrebenswert.

Das äußere Glück ist also nur von kurzer Dauer. Und es fragt sich oft im Nachhinein, ob der Energieaufwand sich gelohnt hat.

Auf dem Weg zum kosmischen Bewusstsein jedenfalls lohnt sich jede Bemühung, auch jene, die zunächst wie vergeblich erscheint. – Kehren wir also zurück zu unserer fundamentalen Aufgabe: der Ordnung.

Ordnung machen heißt unter anderem: Am Morgen, wenn wir erwachen, einige gute Gedanken an Gott, unseren Vater, und an Christus, unseren Erlöser, zu richten. Schlicht, mit einfachen Worten zu danken für die vergangene Nacht, für den kommenden Tag, dann aufzustehen, die Morgentoilette zu verrichten, uns anzukleiden und den vor uns liegenden Tag anzunehmen.

Ganz grundlegend wichtig ist, bei unseren Gedanken anzufangen, uns im Tag, in den Situationen zu beobachten: Was denke ich, wenn ich bestimmten Menschen begegne? Was denke ich über das, was mir am neuen Tag bevorsteht? Wie denke ich in der Situation, die plötzlich auf mich zukommt? All dies könnte ein Beginn sein, uns zu erkennen und einiges in Ordnung zu bringen – vor allen Dingen dann, wenn sich in meinen Gedanken das Karussell der Unordnung dreht.

Das Karussell der Unordnung – was liegt dem zugrunde? Dass ich mit meinem Nächsten unzufrieden bin? Dass mein Nächster, mein Mitmensch, mir etwas gesagt hat, das mich erregt? Diese Erregung ist das Karussell. Ich denke und denke und denke. Z.B.: Wie werde ich's ihm zurückzahlen? Wir sagen oft: Wie werde ich's ihm heimzahlen? Wann werde ich die Möglichkeit und die Gelegenheit haben, ihm Gleiches oder Ähnliches zurückzugeben, das heißt, gleiche und ähnliche Gedanken bzw. Worte ihm ins Gesicht zu schleudern, damit er merkt, wie das ist?

Solche Gedanken drehen sich in unserem Kopf; das ist das Karussell. Doch was liegt dem zugrunde? Wir sagen: eine Entsprechung. Ähnliches also, wie wir letztlich in Gedanken selber sind. Jede Erregung, die auf Äußerungen eines unserer Mitmenschen hin in uns aufsteigt, die also unser Gefühls- und Gedankenkarussell in Bewegung bringt, sagt uns: Das ist ein Teil von uns. Ich denke oder rede ähnlich wie mein Mitmensch, der mir unter Umständen Dinge ins Gesicht geschleudert hat, die für mich unangenehm waren, die mich in Wallung versetzt haben. Dies kann nur geschehen, weil ich ähnlich bin wie er.

Das gleich zu erfassen und zu akzeptieren, ist sehr schwierig. Doch stellen wir uns vor: Wenn wir Gott Ungutes sagen, wenn wir Gott, unseren ewigen Vater, beschimpfen, wenn wir uns von Christus abwenden – ob Er wohl auch dieses Gedankenkarussell hat? Ganz bestimmt nicht! Warum nicht? Weil Gott, unser Vater, und Sein Sohn, Christus, unser Erlöser, vollkommen sind. Sie sind die absolute, vollkommene Liebe. Also dreht sich bei ihnen nicht dieses Gedankenkarussell. Aber bei uns. Infolgedessen liegt bei uns Sündhaftes zugrunde, Ähnliches wie das, was unser Mitmensch uns zugesprochen hat.

Ein überliefertes Jesuswort lautet: „Werdet vollkommen, wie euer Vater im Himmel vollkommen ist." Darin ist schon die Aufforderung gegeben, dass wir uns hinentwickeln sollen zur Vollkommenheit, wie der Vater uns im Himmel geschaut und geschaffen hat. Und eine andere Aussage des Nazareners deutet den Weg dorthin an: „Sieh zuerst den Balken in deinem eigenen Auge, bevor du den Splitter aus dem Auge deines Nächsten ziehst."

Das Gedankenkarussell ist Teil unserer Unordnung. Gott hat nicht die Unordnung.

Unsere Unordnung hat viele Varianten. Beobachten wir uns selbst: Die Unordnung kann z.B. darin bestehen, dass ich mich ständig mit dem Arbeitskollegen oder der Arbeitskollegin beschäftige, sie abwerte oder aufwerte. – Was liegt dem zugrunde? Warum tue ich das? Das wären doch die Fragen, die zum einen die Situation klären, zum anderen uns selbst weiterhelfen auf unserem Weg.

Sind wir ehrlich zu uns selbst, so kommen wir dann uns selbst auf die Schliche und gestehen uns ein: „Ich werte meinen Nächsten nur ab, weil er dies oder jenes nicht tut, von dem ich mir wünschte, dass er es z.B. für mich tun könnte." Oder: „Ich werte jemanden auf, sage ihm vielleicht Lobendes, damit er, scheinbar freiwillig, einiges für mich tut."

Wer ist nicht allzuleicht geneigt, so zu denken oder zu reden? Doch wer sich darauf besinnt, dass er von Seiten anderer diese Hinterhältigkeit nicht erfahren möchte, der wird in seinem Kopf, in seiner Gedankenwelt, Ordnung schaffen.

Dadurch, nur dadurch erlangt der Mensch über sich selbst die Meisterschaft, denn Lebensschule zur Lebensbemeisterung heißt ja: Werde Meister bzw. Meisterin über dein Verhalten, über deine negativen Gedanken und Worte, damit du frei wirst, damit du glücklich wirst.

Wir wollen doch alle frei und glücklich werden. So ist jedem Einzelnen die Frage gestellt: Wollen wir es? Willst du es? Wenn ja, dann tue es. – Wollen Sie es? Dann tun Sie es – und Sie werden freier und glücklicher und erlangen ganz allmählich die Meisterschaft über Ihr gesamtes Verhalten.

Wir könnten uns z.B. jeden Abend die Frage stellen: Habe ich heute meine Prüfung bestanden? Habe ich heute über meine Gedankenwelt die Meisterschaft erlangt? Bin ich der Meisterprüfung näher gekommen? – Ein interessantes Leben!

Versuchen Sie es, liebe Leser. Versuchen Sie es, und Sie merken sehr bald, Sie legen Tag für Tag eine kleine Prüfung ab und wachsen so zur Meisterprüfung hin.

Auf diese Weise wachsen wir im Geiste Gottes, und das bringt Sicherheit, Festigkeit, Selbstvertrauen und die Basis für ein verantwortungsbewusstes Denken und Handeln.

Im Falle der Abwertung anderer müssten wir uns z.B. die Frage stellen: Wenn ich wüsste, dass jemand mich derart abwertet, wie ich es jetzt gerade tue – was würde ich darüber denken? Würde ich denken: „Wie schön, dass er mich abwertet!"? Oder: „Wie mir das gut tut, dass er mich abwertet." Oder: „Wie recht er hat, mich abzuwerten!"? Oder gehen wir nicht vielmehr innerlich auf die Barrikaden und sagen: „Das ist eine bodenlose Unverschämtheit! Das lasse ich mir nicht bieten!"

Doch aus unserer menschlichen Ichbezogenheit heraus erscheint es uns vielfach als ganz selbstverständlich: Der andere, der soll es dulden; der soll mich ertragen! – Wir sollten wirklich öfters an die Jesusworte denken: „Was du willst, dass dir andere tun sollen, das tue du ihnen zuerst." Oder, anders gesprochen: „Was du nicht willst, dass man dir tu', das füg' auch keinem anderen zu."

Das heißt also: Wir sollen nicht ständig am Balken oder am Splitter des anderen sägen, sondern unseren eigenen Balken absägen.

Wenn wir uns dann, aufgrund dieser Bewusstwerdung, anschicken, nicht mehr so zu denken, macht uns das sensitiver. Wir werden uns künftig immer öfter hinterfragen, um das weitere Sündhafte, Negative, Böswillige, in uns zu beheben. Wir nennen die Sünde auch das Allzumenschliche – unser sündhaftes Verhalten ist also das niedere Menschliche.

Es ist also immer von Bedeutung und wesentlich, wie wir zu unseren Mitmenschen stehen, mit welcher Gesinnung, mit welcher Einstellung, wir ihnen begegnen. Vieles ist oft nur deshalb in Unordnung, und manches artet nur deshalb in Streit und in Energieverschwendung aus, weil das Grund-Wohlwollen, die Grund-Ordnung in der Beziehung untereinander, bei uns Menschen, noch nicht lebendig ist.

Wenn hier von einer Grund-Ordnung die Rede ist, müsste es auch so etwas wie eine „Grund-Unordnung" geben. Als eine solche könnte man allerdings das Grund-Übel im Zusammenleben der Menschen in der Welt bezeichnen: Z.B. Streit mit dem Nächsten, Abwertung, Gehässigkeit, Feindschaft mit dem Nachbarn, Gier, Neid, Leidenschaft und vieles mehr.

Vergeuden wir damit nicht regelrecht unsere Zeit und die kostbare Energie, die wir in dieses Erdenleben mitgebracht haben, um wieder zu Gott, unserem Vater, zurückzufinden? Gerade die kostbare Energie, die im Seelengrund pulsiert, möchte sich in unsere Gedanken, in unsere Worte begeben. Sie möchte also einstrahlen in unser Leben. Wenn wir uns aber nur mit Gehässigkeit, Feindschaft und Streit, mit Leidenschaft und dergleichen beschäftigen, vergeuden wir unser kostbares Erdenleben und nehmen die positive Kraft, die uns Christus zustrahlt, nicht auf. So können wir nicht unser Erdendasein meistern, um in das ewige Leben einzugehen, dann, wenn die Seele unseren Körper verlässt.

Deswegen ist es auch so wichtig, dass wir uns darin einüben, uns ständig zu hinterfragen. Denn wenn ich mir immer wieder vorgebe, dass ich nicht will, dass der andere über mich so denkt, wie ich jetzt über ihn denke, dann werde ich mich immer öfter daran erinnern, während des Denkens innezuhalten und mich zu hinterfragen, warum ich so denke. Was liegt bei mir zugrunde, dass ich jetzt über meinen Mitmenschen negativ denke? Was würde ich sagen, wenn ein anderer so über mich denken würde? Würde ich das registrieren – was würde ich denken, und wie würde ich es dann halten? Aufgrund meiner positiven Vorsätze könnte die Antwort die folgende sein: Was ich nicht will, dass man mir tu', das füge ich dann eben auch dem anderen nicht zu!

Liegt etwas zugrunde, das bereinigt werden soll, dann sollten wir das tun. Wenn bei uns nichts zugrunde zu liegen scheint, dann könnte es eine Entsprechung sein, eine Unzufriedenheit oder Ähnliches, das von uns ausgeht. Generell ist zu sagen: Was ich anderen an Negativem, an Gehässigem zudenke, entspricht meinem derzeitigen Wesen, meinem Charakter, meiner noch bestehenden menschlichen Natur.

Doch so muss es ja nicht bleiben! Denken wir nur an die wunderbare Energie, die jedem Menschen zur Verfügung steht. Und die ist auch z.B. in den Lehren des Jesus von Nazareth und in den Zehn Geboten Gottes zu finden. Hat ein Mensch sich entschieden, sein Leben mehr und mehr auf Gott, sein wahres Leben, auszurichten, dann kann er die Zehn Gebote und die Bergpredigt als Richtschnur in seinem Alltag anwenden. Dann ist er bei Unstimmigkeiten alarmiert; es fängt an, im Sonnengeflecht, in der Magengegend, zu grummeln. So wird er aufmerksam auf ungute Gedanken, die er gehabt hat, kann diese den göttlichen Gesetzmäßigkeiten gegenüberstellen – es sind die Zehn Gebote und die Bergpredigt – und wird feststellen: Was er gedacht hat, ist im Sinne des Gotteswillens nicht recht.

Das ist der Weg der Ordnung. Verstoßen wir gegen die Gebote Gottes, gegen die Lehren des Jesus, des Christus, dann sündigen wir. Das heißt: Wir schwächen unsere Körper- und Seelenenergie.

Auch Gedanken sind Energien. Wohin gehen sie eigentlich? Was wird aus ihnen?

Letztlich eine Art Nebel, wenn sie ungut sind. Wir umnebeln unser göttliches Sein, das Geistwesen, mit unserer Unordnung in unseren Gedanken, mit dem Sündhaften auch in unseren Worten und unserem Verhalten.

Unser Fehlverhalten ist ja gegen unser wahres Wesen gerichtet. Damit wenden wir uns ab von Gott, unserem Vater, und bejahen somit im Grunde unser Schicksal, das uns dann auch irgendwann einholen wird. Doch in unserem Schicksal begegnet uns schließlich nur das, was wir an „Nebulösem", gleich Negativem, also an Sündhaftem, in unsere Seele eingegeben haben – und letzten Endes auch in die Zellstruktur unseres Körpers.

Wir wissen aus der Physik, dass keine Energie verloren geht. In unserem Fall geht sie ein in unsere Seele und zugleich in unseren Körper. Sie baut sich zu Unpässlichkeit, zu Krankheit, zu Not, zu einem Schicksalsschlag auf – und zu vielem mehr.

Doch der Tag mahnt rechtzeitig. Er ist mit einem Zeigefinger zu vergleichen. Er zeigt auf, was wir heute, an diesem Tag, erkennen und bereinigen, also ordnen, könnten. Jeder Tag bringt jedem nur so viel, wie er an diesem Tag bewältigen kann. Bewältigt er es nicht, baut er sein Ungutes nicht ab, so häufen sich die Sünden, der „Nebel", die Dichte, in unserer Seele und in unserem Körper. Das kann dann eben zu Krankheit führen, zu Schicksalsschlägen und Misshelligkeiten in vielerlei Gestalt.

Wir sehen: Ordnung zu schaffen in unseren Gefühlen, in unseren Gedanken, in unseren Worten, in unserem ganzen Verhalten – das ist der Weg in das kosmische Bewusstein, in das Reich Gottes. Es ist die Lehre, um wahren Lebensgewinn zu erlangen.

Für viele Menschen ist ihr irdischer Alltag nicht ganz einfach, oftmals sogar sehr schwierig, und das gerade in unserer Zeit. Viele zeitbedingte Faktoren sind zusätzlich große Hindernisse.

Lernen wir, uns zu hinterfragen! Lernen wir, bei uns selbst anzufangen! Üben wir uns im Gebet, und vertrauen wir uns immer wieder Gott an. Er kennt den Weg, den wir zu gehen haben. Auch dann, wenn wir der Ansicht sind, alles wäre zu spät – Er steht uns bei!

*Die Schritte der Verfeinerung von Seele
und Mensch bringen ein fühlbares Aufatmen
und Durchatmen mit sich.
Wir finden mehr und mehr Zugang
zum Quell des Lebens.*

Wir sind als Mensch nicht nur der physische Körper. Alle unsere Lebensäußerungen wie Empfindungen, Gefühle und vor allem auch die Inhalte unserer Gedanken, Worte und Handlungen gehören ebenfalls zu uns, dem Menschen. Und alles ist Energie.

Alles, was energetisch von uns ausgeht, sei es positiv oder negativ, sind Kräfte, die eine Resonanz hervorrufen. Sie wirken auf die Situation ein, in der wir uns befinden, ebenso auf den Mitmenschen, dem sie gelten, und nicht zuletzt auch auf uns selbst. Diese energetischen Schwingungen gehen zwar von uns aus, aber sie gehen auch wieder in uns ein, in unsere Körperzellen. Damit verschatten oder durchlichten sie diese – und vor allem prägen sie die Beschaffenheit unserer Seele.

Die Seele ist in einer Art von Partikelstruktur aufgebaut. Um eine Vorstellung von einer Partikelstruktur zu bekommen, könnten wir an die Bienen denken. Die Waben im Bienenstock bestehen aus unendlich vielen Wabenzellen. In diesen wird unter anderem der Honig gelagert. Die Seele ist in einem vergleichbaren System aufgebaut. Wie unser Körper aus unzähligen Zellen besteht, so besteht die Seele aus unzähligen kleinsten Partikeln; ich nenne sie jetzt einfach einmal „Wabenzellen".

Die Biene füllt in die Wabenzellen den Honig. Und was tun wir hinein, in diese „Seelenwaben", in die Partikel unserer Seele? – Das kann Licht oder Schatten sein. Es sind die tagesbezogenen Gedankeninhalte, mitunter aber auch die Inhalte von Neid, Feindschaft, Streit mit dem Nächsten, Hochmut, Begehrlichkeit, Auf- und Abwertung und manches mehr. Wir lagern also die Inhalte dessen ein, was von uns ausgeht, wie wir sprechen, wie wir handeln, denken und fühlen.

Mancher Leser wird sich bei dem Wort „Gedankeninhalte" fragen: Was heißt „Inhalte"?

Oft hören wir: „Warum sagst du das? Warum tust du das? Weshalb handelst du so oder so?" Dieses Warum lässt uns hin und wieder kurz innehalten, und wir fragen uns nun: „Warum spreche ich so? Weshalb handle ich so? Ja, warum? Spreche ich überhaupt die Inhalte meines Denkens, meines Redens und meines Handelns aus?" – Ja, aber warum halten wir dann inne? Müssten wir nicht sofort sagen können, warum wir so sprechen, warum wir so denken oder handeln? Warum können wir das nicht? – Das Warum gibt augenblicklich ein Innehalten, weil wir uns nicht bewusst sind, warum wir es tun. Erst wenn wir dieses Innehalten einmal hinterfragen, merken wir, was hinter unseren Gedanken, Worten oder Handlungen steht. Möglicherweise Neid, Feindschaft, Besserwisserei?

Wir speichern also diese sogenannten Wabenzellen, die Partikel unserer Seele, nicht mit dem feinen, leckeren Honig, sondern wir vergiften oftmals die Partikelstruktur mehr oder weniger mit Hass, Neid, Feindschaft, Streit, Egoismus und dergleichen mehr. Die Partikel nehmen diese Energien auf. Was ist dann in diesen Partikeln? – Schatten!

Alle Energien, die wir als Menschen produzieren, Licht und Schatten, nimmt unsere Seele auf. Keine Energie geht verloren. Tagtäglich speichern wir, Licht und Schatten.

Darum ruft die Seele uns – und bittet inständig, ihr nicht noch mehr Negatives aufzuladen. Doch hören wir den Ruf unserer Seele? Und verstehen wir, warum sie ruft?

Wir verstehen sie dann, wenn wir etwas mehr auf unsere Gewissensreaktionen und Gefühlsausbrüche achten. Es sind Signale. Ein deutliches Signal ist z.B., wenn wir plötzlich kurzatmig werden. Unser Gefühl regt das Nervensystem an. Das Nervensystem verkrampft sich. Daraus ergibt sich eine Kurzatmung. Auch darin besteht unter anderem der Ruf der Seele.

Wir denken im Tagesgeschehen kaum über das nach, was in uns abläuft und wie es unserer

Seele wohl ergehen mag. Deshalb nehmen wir ihr manchmal fast den geistigen Atem. Doch unsere Seele will atmen. Sie möchte das kosmische Bewusstsein erlangen, um den Odem des Alls zu spüren. Denn der Odem des Alls ist für die göttlichen Wesen im Urgrund der Seelen das Lebenselixier.

Diese feinen Gefühle, die Anstöße aus dem Seelengrund, lassen uns merken, dass wir noch nicht mit uns selbst eins sind. Sie signalisieren uns, dass es doch ein übergeordnetes Leben gibt, die Möglichkeit einer Weiter- und Höherentwicklung, einer Evolution.

Liebe Leser, wenn Sie möchten, versuchen Sie es! Begnügen Sie sich nicht mit diesem oberflächlichen Dasein, das oft nur vom Groben, vom Alltäglichen, von der Routine geprägt ist, sondern erspüren Sie die Chance, die Ihre Seele so gerne wahrnehmen möchte!

Leben ist immer Gott. Unser ursprüngliches, höheres Selbst ist aus Ihm. Dieses sollen wir in uns entwickeln, also reifen, um immer bewusster zu leben. Dies geschieht durch Überwinden unseres Unguten – über Selbsterkenntnis, indem wir unsere Lebensäußerungen hinterfragen, unseren Widersprüchlichkeiten auf den Grund gehen und uns zum Guten hin ändern.

Gott ist das Leben, Gott ist das ewig Wahre, das Gute. Das Gute zu erfahren, heißt Selbst-Erfahrung und Selbstfindung. Probieren Sie es aus, um Ihrem Dasein tieferen Sinn und Gehalt zu geben! Lernen Sie, wahrhaft zu leben! So finden Sie sich selbst.

Wir Menschen nehmen die Tatsache, dass wir atmen, einfach so hin. Wir beachten ihn meist gar nicht, oder wir sagen: „Der Atem ist eben mein Leben." Doch das ist oberflächlich gedacht. Denn in Wahrheit ist der Odem Gottes in unserem Atem das Leben der Seele und des Menschen. Es ist das kosmische Einströmen des Alls.

Was wir in unseren Seelen speichern, Licht und Schatten, geht auch in unsere Körperzellen ein. Wir werden von den Inhalten unseres Denkens, Redens und Handelns vielfältig geprägt. Wir selbst also prägen uns.

Daraus entwickelt sich der Charakter. Die Charakterbildung erfolgt durch uns selbst, durch die Inhalte dessen, was von uns ausgeht. Das nämlich geht wieder in unsere Seele und in unsere Körperzellen ein, prägt, wie gesagt, den Charakter – und zeichnet unser Gesicht, zeichnet unseren gesamten Körper.

Deshalb kann jede Veränderung am Körper wiederum auf eine neue Prägung unserer Seele hindeuten. Entweder zieht Licht in unsere Körperzellen ein oder Schatten. Wir selbst bestimmen, was in – und durch – uns wirksam wird. Wir sind das Abbild unseres Charakters.

Spätestens im Alter oder in einer folgenden Inkarnation können Prägungen zutage treten, Charaktereigenschaften, die uns, wie es scheint, fremd sind. Aber die Frage erhebt sich natürlich: Warum werden wir damit konfrontiert? Weil wir in einer vormaligen Situation das „Warum" nicht angewendet haben, um zu erkennen: Was steckte hier in meinen Worten? Was beabsichtigte ich insgeheim mit meinem Tun?

In einer folgenden Inkarnation entspricht unser Charakterbild daher mit Sicherheit einem Teil unserer Vorinkarnationen. Und wir fragen uns dann oft: „Wo kommt das nur her?"

Angesichts dieser Frage heben viele die Schultern und meinen: „Na ja, das liegt halt in meinen Genen." Doch auch die Gene werden von unseren Eingaben geprägt. Die Eingaben gehen zuerst in die Seele und dann in den Körper – in die Zellen, aber auch in unsere Gene. Spätestens in einer der nächsten Inkarnationen wirkt sich das aus, was wir in dieser Inkarnation an Schatten – also an Negativem – nicht behoben haben.

Vieles in unserem Leben wird allerdings anders, wenn wir nun unsere Seelenpartikel reinigen, indem wir Schritt für Schritt den kosmischen Weg gehen, den Weg zum kosmischen Bewusstsein, zu unserem wahren Sein, zum Reich Gottes in uns, das uns den absoluten Maßstab vorgibt.

Auf dem Weg zum kosmischen Bewusstsein ändern wir ganz allmählich unser Denken und wenden uns immer mehr den Zehn Geboten Gottes und den Lehren des Jesus, des Christus, zu, um sie Schritt für Schritt im Alltag zu erfüllen. Dann reinigt sich die Partikelstruktur unserer Seele, und statt der Verschattung kommt Licht. Das Licht strahlt auch in unseren Körper. Das Licht ist das Licht des Allmächtigen, das eins ist mit der Erlöserkraft des Jesus, des Christus.

Dann atmen die Zellen unseres Körpers auf. Die Leber, die Nieren z.B. beginnen sich zu reinigen; der ganze Körper wird, wie wir sagen, „sauber", weil die Seele reiner wird.

Der Weg zum kosmischen Bewusstsein ist ein praktischer Weg, den jeder ausprobieren kann. Jeder kann letzten Endes erproben, was sich ergibt, wenn er sein Erdendasein verändert und sich mehr und mehr nach den Geboten Gottes und nach den Lehren des Jesus, des Christus, ausrichtet. Wem das zu hoch ist – die Lehren des Jesus, des Christus, oder die Zehn Gebote

Gottes –, der könnte folgenden Satz in seinen Alltag mitnehmen: Was du nicht willst, dass man dir tu', das füg' auch keinem anderen zu.

Die Veränderung auf dem Weg zum kosmischen Bewusstein erfasst den ganzen Menschen. Wir werden freier; wir atmen tiefer; wir leben bewusster, und wir fühlen uns mehr und mehr eingekehrt in unser wahres Sein. Ja, wir fühlen uns verbunden, quasi verwurzelt im Reich Gottes, das unsere geistige Herkunft ist. Wir erspüren in uns ein Glück, das nicht im Äußeren zu finden ist, sondern das uns die Seele zustrahlt, weil wir – der Mensch – den Weg gehen.

Diese innere Freude, die Freude aus dem Seelengrund, ist nichts anderes als das allmähliche Angehoben- und Erweitertsein unseres göttlichen, also unseres geistigen Bewusstseins. Daraus kann sich z.B. ergeben, dass wir eine Evolution erfahren, aus der wir neue Talente schöpfen können, Talente für unser Leben, Ideen zur Evolution im Betrieb, am Arbeitsplatz, im Freundeskreis. Wir sind durchlässiger geworden für die Strahlung aus dem Reich Gottes, die uns führt und leitet und uns beisteht, über neu entdeckte Fähigkeiten Weiteres zu entwickeln, zum Wohle für unsere Mitmenschen, aber ebenso für die Natur- und die Tierwelt.

Das führt zur Freiheit, und wir fühlen uns auch freier. Wir lehnen uns nicht mehr an unsere Mitmenschen an, indem wir sie für unser Ego benützen. Wir fühlen Kraft und Freude in uns. Wir erfassen, dass der Nächste wie wir tief im Seelengrund ein Wesen aus Gott ist – allerdings nicht die äußere Hülle, der Mensch, der mehr oder weniger durch ungeordnetes Verhalten zum Sünder geworden ist, je nachdem, wie er lebt. Wir kommunizieren also mehr mit den feineren Aspekten unserer Mitmenschen. Durch die Erweiterung unseres Bewusstseins, durch positive Kommunikation können wir nach und nach auch immer klarer ausloten, ob ein Mitmensch wahrlich positiv denkt oder sich nur positiv gibt.

Auf dem Weg zum kosmischen Bewusstsein lernen wir auch, mehr und mehr Frieden zu halten, indem wir Schritt für Schritt tun, was uns Jesus lehrte: Wenn du erkennst, dass du gesündigt hast, bereue deine Sünden! Bitte um Vergebung, und vergib auch deinem Nächsten, der sich an dir versündigt hat! Was du noch gutmachen kannst, das mache gut! Und, vor allem, sündige fortan nicht mehr, das heißt: Tue die gleichen Fehler nicht mehr.

So mancher denkt sich jetzt vielleicht: „Sünde hin oder her. Wir Menschen sind nun mal Sünder. Aber um von dem, was mich drückt, frei zu werden, frage ich: Was soll ich denn dann denken?"

Ihm – und uns allen – wäre zu raten: Denken wir über die Gebote Gottes nach! Denken wir über die Lehren des Jesus, des Christus, nach. Und: Denken wir über uns selbst nach, ob es nicht auch für uns angemessen wäre, die eine oder andere Lebensregel, das eine oder andere Gebot, anzunehmen und es zu halten ...

Tun wir, was wir als Weisung aus dem Geiste Gottes erkannt haben, dann werden wir von

Mal zu Mal wachsamer und werden die gleichen Fehler, wir nennen sie auch Sünden, nicht mehr tun.

Viele, ja letztlich alle Menschen, möchten gerne frei werden. Wer ist es denn, der uns die Enge und die Zwänge beschert? Wir blicken dann unter Umständen auf unsere Mitmenschen. Aber sind sie denn schuld? – Nein! Wir sind es selbst! Es ist oftmals sehr schwer anzunehmen, dass uns das Entsprechungsgesetz unser eigenes Fehlverhalten zuspiegelt; es ist das Gesetz der Projektion: Was von uns, von jedem Einzelnen, an Negativem, an Fehlhaltungen, ausgeht, ist Projektion auf ein Gespräch, auf einen Menschen, auf eine Situation. Es entspricht also uns, jedem von uns. Das Ego, das „Ich", bin selbst der Projektor, der das ausstrahlt und dem anderen zustrahlt, was im Ego, in mir also an Bildmaterial vorhanden ist. Das Gerät, das wir Projektor nennen, wirft immer ein Bild an die Wand. Sehen wir, jeder Einzelne, uns einmal als Projektor, so strahlen wir also quasi als „Projektor" unsere

Entsprechung dem anderen zu, strahlen unsere Projektion in eine Situation hinein, in den Verlauf von Gesprächen – z.B. durch Rechthaberei, durch aggressive Reaktionen und vieles mehr.

Das Bild ist immer im Projektor und „spielt mit"; es wirkt hinein in das, was an Kommunikation abläuft. Es beeinflusst zum Negativen oder zum Guten. Denn der „Projektor" hat nicht nur negative Bilder gespeichert, sondern auch positive. Aber die positive Energie, die wir in eine Situation oder in ein Gespräch hineinstrahlen, ist nicht Rechthaberei und ähnliches, sondern Hilfe, Klärung, Lösung.

Werden wir uns unserer unterschiedlichen Tendenzen bewusst: Sind die Negativbilder im „Projektor" unser „niederes Ich"? Und ist das positive Bild das „wahre Sein", das unter Umständen aus dem Seelengrund, aus der Essenz des Reiches Gottes, kommt?

Ganz klar sei gesagt: Alles, was uns niederdrückt, ist unser niederes Ich. Es ist das, was als Trieb bezeichnet werden kann. Es ist das, was unser Denken beherrscht. Es kann z.B. das Streben nach Ansehen und Macht sein. Oder es ist die Gier, immer mehr Geld und Vermögen zu besitzen. – All das sind Aspekte unseres niederen Ichs. Und diese sind mit im Projektor und wirken sich aus.

Doch unser Seelenkörper, der im Menschenkörper einverleibt ist, möchte etwas ganz anderes. Die Seele in uns gibt uns, dem Menschen – eventuell über die Tagesereignisse –, zu bedenken: „Was können wir denn eigentlich von all diesen materiellen Gütern mitnehmen, wenn wir eines Tages unseren Körper verlassen?" Wir müssen eingestehen: Nichts!

Wir wollen Titel und Mittel erwerben, unser Ich bzw. unser Ego krönen und wissen gar nicht, wie nichtig das Streben dieses unseres „Ichs" ist! Denn wenn ein solch „gekröntes Haupt" hinscheidet, dann wird es einfach und schlicht „Seele" genannt. – Das niedere Ich und seine Erfolge im Materiellen haben weder bleibenden Wert noch bleibenden Bestand.

Unser wahres Selbst jedoch – es ist das göttliche Wesen in unserem Seelengrund – hat ewigen Wert und ewigen Bestand, da es göttlich ist. Das Göttliche ist unser wahres Wesen. Der göttliche Leib ist nicht Gott; er ist nicht All-Geist und Schöpfer. Gott, unser ewiger Vater, hat den göttlichen Körper geschaut und geschaffen. Wir sind in Gott, dem Ewigen, göttliche Wesen, Seine Söhne und Töchter, Seine Kinder. Deshalb sind wir göttlich, sind aber nicht Gott.

Er, der Allmächtige, ist allgegenwärtig. Er ist das ewige Sein, das ewige Gesetz der Unendlichkeit, der Strom höchster, reinster Lebensenergie, der durch alle Sonnen, Planeten, durch alle Gestirne strömt und somit auch durch alle göttlichen Wesen. Gott ist als Kraft und Licht, als Odem, auch im Atem des Menschen. Die materiellen Formen tragen in sich ebenfalls den Odem Gottes; jede Pflanze, jedes Mineral, jedes Tier trägt in sich das Gesetz des Lebens, den Odem Gottes. Das Gesetz des Lebens wird auch das Sein genannt. Weil Gott allgegenwärtig und ewig ist, ist das reine Geistwesen, das göttliche

Wesen, ewiges Sein in Gott, dem Ewigen, in Ewigkeit.

Gott ist also der All-Geist, der alles durchdringt. Wie wir gelesen haben, ist das reine Wesen das göttliche Wesen. Es ist als Essenz vollkommenes, ewiges All-Gesetz und ist im gesamten Reich Gottes zu Hause. Warum? Weil der Geistkörper, das Geistwesen, so geschaffen ist, dass es zu allen Dingen des Seins Kommunikation hat. Über mächtige All-Kommunikationsbahnen kann das göttliche Wesen, das Geistwesen, in jede Himmelsregion, auf jeden göttlichen Planeten. Warum? Weil es das Reich Gottes als Essenz verkörpert und somit die Wege des Lebens zu allen reinen Formen in sich trägt.

Das ist unser wahres Leben, das hohe, göttliche „Ich Bin", das in unserem Seelengrund pulsiert und uns ruft: Komm heim – durch die Kraft des Jesus, des Christus, der der Erlöser jeder Seele ist.

Zu erfahren, dass das Geistwesen Kommunikation zu allem hat, lässt aufhorchen, denn daraus ergibt sich die Frage: Führt denn der Weg zum kosmischen Bewusstsein auch uns dazu, dass wir mit allem, was uns umgibt, mehr Kommunikation aufnehmen, mit der Natur und den Tieren, mit der gesamten Mutter Erde und mit allen Himmelskörpern? Denn in allem ist ja der Odem Gottes.

So ist es tatsächlich. So verläuft der Lebensweg der Seele zu ihrem wahren, ewigen Sein, der Weg zum kosmischen Bewusstsein.

Die fünf Sinne des Menschen sind mit Antennen zu vergleichen. Wenn sich unsere fünf Sinne durch die Arbeit an uns selbst mehr und mehr reinigen, gibt sich der Mensch den höheren ethischen und moralischen Werten hin, die uns Jesus, der Christus, in Seiner Bergpredigt lehrte. Dann nehmen wir, der Mensch, immer mehr Abstand vom weltlichen, dem egoistischen Wünschen und Wollen, von Besitzstreben, Habsucht und Gier. Wodurch? Weil sich die „Antennen", die fünf Sinne, mehr und mehr dem Urgrund der Seele zuwenden, um mit dem Göttlichen in der Seele in Kommunikation zu treten.

Das bedeutet, dass sich dadurch auch die Partikelstruktur der Seele reinigt, so dass wir über unsere gereinigten Seelenpartikel Verbindung zum Göttlichen in uns gewinnen, zu dem pulsierenden Herzen Gottes, der das Leben ist. Das ist ein wunderbarer Bewusstwerdungsprozess, der erste Schritt hin zur Kommunikation mit Gott, unserem ewigen Vater, zum Gesetz der All-Liebe im Seelengrund!

Es lohnt sich also, den kosmischen Weg zu gehen! Einerlei, wie jung oder alt wir sind – die Lebensschule zur Lebensbemeisterung ist für jeden gegeben. Doch immer heißt es: Lernen, lernen, lernen! Und wir lernen nur, indem wir uns selbst, unsere Lebensäußerungen, hinterfragen. Z.B.: Was liegt denn eigentlich hinter meinen schönen, liebevollen Worten? Was möchte ich unter Umständen damit überspielen, also verdecken? Was verbirgt sich eventuell hinter der Art meiner Gestik, meiner Mimik, meines ganzen Verhaltens? Ist es ehrlich oder unehrlich? Sind meine Worte gleichsam nur eine „Walnussschale", die ich vorzeige – der Kern ist jedoch ganz anders, als die „Schale" vermuten lässt, nämlich gehässig, neidisch, zänkisch und weiteres Ungute mehr?

Wer den Weg der Lebensbemeisterung geht, der erfährt, dass seine fünf Sinne feiner werden und sich die Sinnesantennen mehr nach innen, zum Urgrund der Seele, wenden. Daraus ergibt sich unter anderem, dass der Mensch wachsamer wird gegenüber dem, was um ihn herum abläuft und was in der Welt geschieht. Menschen, die geistig lernen, gewinnen nach und nach eine höhere Ethik und Moral. Sie werden sensitiver. Aufgrund dessen blicken sie tiefer; sie hören aus Situationen heraus, was andere nicht hören. Mit zunehmender geistiger Entwicklung werden der Geruchs-, Geschmacks- und Tastsinn feiner. Und – das Schönste! –: Der Mensch spürt allmählich, dass er von innen her, aus der Tiefe seiner Seele, geführt wird.

Für einen Menschen, der in der geistigen Entwicklung steht, wird auch die Natur mehr und mehr zu einem Lebensquell. Er erfasst, dass alles, was ihm begegnet, ihm eine Aufgabe stellt. Denn jede Blume, jeder Strauch, jeder mächtige Baum, jeder Sonnenstrahl – alles, aber auch alles, will uns etwas sagen, weil Gott allgegenwärtig ist.

Denken wir darüber nach, dass auch der Geruchssinn zur Sinneswahrnehmung gehört. Er verfeinert sich dann, wenn wir nicht mehr genusssüchtig sind, sondern den Genuss unter Kontrolle haben. Das heißt, dass wir bewusst die Art unserer Nahrung wählen, weil sich auch unser Geschmackssinn verfeinert hat. Der gesamte Reinigungs-, gleich Verfeinerungsprozess wirkt sich in vielerlei Hinsicht aus. So kennen wir das rechte, uns zuträgliche Maß und werden uns nicht der Völlerei hingeben. Wir ersetzen die Produkte aus der Tierwelt durch vegetarische oder vegane Speisen. Wir orientieren uns mehr und mehr an dem, was uns die Natur schenkt.

Die Verfeinerung unseres Tastsinnes hat zur Folge, dass wir nicht mehr alles betasten wollen, nicht mehr alles greifen wollen, um es an uns zu reißen. Der Mensch ist als Ganzes feiner und edler geworden. Warum will ein Mensch auf dem Weg zum kosmischen Bewusstsein nicht mehr alles an sich reißen? Er steht in Kommunikation mit dem Ursprung seiner Seele, mit der Essenz des Reiches Gottes. Er spürt, dass alles Energie ist. Ihm wird bewusst: Wenn er dies oder jenes betastet, so nimmt er letzten Endes über den Tastsinn Energien auf, also Schwingungen, die nicht unbedingt zuträglich sind. Wir sprechen von Energien. Es sind unter anderem Bakterien, jedenfalls Fremdeinflüsse.

Der Weg der Verfeinerung der Seele und des Menschen macht den Menschen wahrhaft frei. Immer öfter erfahren wir: Wir haben eine Gabe erlangt, die tief aus der Seele kommt und die uns immer mehr erleben lässt, dass wir im Urgrund unserer Seele ewige Wesen sind, Wesen des wahren Lebens. Leben ist Gott, und Gott ist allgegenwärtig; also bedeutet Leben auch das

Bewusstsein der Allgegenwart Gottes. Es gibt keinen Anfang und kein Ende. Leben ist All-Sein und somit allgegenwärtig.

In den vielen geistigen Lernschritten erfahren wir das kosmische Bewusstsein. Das ist letztlich der kosmische Weg. Wir gewinnen Freiheit. Wir gewinnen Einsicht. Wir gehen Schritt für Schritt in eine ungeahnte Evolution, die uns, wie gesagt, tiefer blicken und mehr erfassen lässt. Diese Entwicklung meißelt Talente aus uns heraus, die wir in unserem Erdenleben anwenden können. Es sind Talente, die uns als Mensch weiterführen, die uns hinführen zum Nächsten, um ihm beizustehen, um ihm zu helfen; Talente, die uns erspüren lassen, dass Tiere, unsere Übernächsten, in sich den Gottesfunken tragen, dass jede Pflanze uns anschaut und uns etwas mitzuteilen hat. Wir sind nicht mehr auf Nur-Nehmen eingestellt. Wir vermögen zu geben und tun es. Denn das Leben erfüllt sich im Geben. Aus dem Geben-Dürfen erwächst ein beglückendes Lebensgefühl. Wir erfahren: Das ist wahres Leben!

Auf dem Weg zum kosmischen Bewusstsein finden wir auch Schritt für Schritt in den inneren Frieden. Der innere Friede ist eine wunderbare Bereicherung: Wir werden ganz allmählich frei von Zwängen, die bisher unser Nervensystem belasteten, die bisher unser Gewissen zum Anschlag brachten. Jetzt fühlen wir: Freiheit ist ein Durchatmen, ein tiefes, gelöstes Atmen. Wir spüren Freude, Dankbarkeit und, wie gesagt, den Frieden, den die Welt sucht und nicht hat, weil in der Welt kein Friede zu finden ist – nur in Gott, der Friede ist.

Der Weg zum kosmischen Bewusstsein bringt also ein fühlbares Freiwerden mit sich, ein Aufatmen und Durchatmen. Wir finden Zugang zum Quell des Lebens, der mit Worten schwer beschrieben werden kann. Man muss selbst den Weg beschreiten, den Weg zu unserem wahren Selbst. Nur wir selbst können uns beweisen, woher wir als Wesen in Gott kommen und wohin wir gehen.

Der kosmische Weg beginnt klar und einfach. Es heißt: Ordne deine Gedanken! Zügle deine Rede! Meistere deine Sinne!

Für so manchen ist das mühselig und wird oftmals als anspruchsvoll empfunden, gerade im Alltag. Doch, liebe Leser, jene, die diesen Weg ein Stück weit beschritten haben, können Ihnen sagen: Die Mühe lohnt sich! Wer sich vorgibt, wer sich also entschließt und sich aufmacht, Meister seines niederen Ichs zu werden, der wird jeden Tag ein Stück mehr die Meisterschaft über seine niedere Natur erlangen.

*Uns unserer wahren Herkunft
zunehmend bewusst sein.
Die Freiheit aus Gott – Eigenverantwortung
für unser Tun und Lassen. Die Chance der
geistigen Evolution wahrnehmen*

Auf dem Weg zum kosmischen Bewusstsein haben wir die Aufgabe, unsere selbstgeschaffenen, gottabgewandten Hürden zu erkennen und sie mit der kosmischen Kraft, die Gott, das ewige Gesetz der Liebe, ist, zu überwinden.

Wir lernen auch, was es heißt, zu erkennen, wenn wir immer wieder in die gleichen Fehler und Schwächen zurückfallen. Sie sind oftmals Hinweise darauf, dass wir umdenken sollten, denn weitere Belastungen beschweren und verdunkeln nur unser Gemüt. Die feinen Antennen unserer Seele sind also aktiv und sprechen uns an, damit wir rechtzeitig unseren Ballast erkennen und mit der Hilfe der inneren Kraft beheben.

So mancher hat sich vorgenommen, auf dem Weg zum kosmischen Bewusstsein konsequent voranzuschreiten, und dennoch gibt es immer wieder Schwankungen, Höhen und Tiefen. Wir werden erleben, dass wir die Tiefen, die Niederungen unseres Allzumenschlichen, bewältigen müssen, um zu einer Stetigkeit zu gelangen, zu einer inneren Harmonie. Wie wir schon gehört haben: Gott ist Friede, und die innere Harmonie ist Ausgewogenheit, gehört also zum Frieden unseres wahren Wesens.

Erneut bringt Christus uns Gott, den Ewigen, als unseren himmlischen Vater nahe, der die Liebe, die Güte und die Barmherzigkeit ist. Da vielen Christen in den institutionellen Kirchen ein ganz anderer Gott vermittelt wird, vermag nicht jeder unserer Mitmenschen die gute Botschaft, die Gott uns im Prophetischen Wort übermittelt, sofort vorbehaltlos zu akzeptieren.

Solange wir diese Welt nicht analytisch aus der Perspektive des Gesetzes von Ursache und Wirkung sehen, fällt es uns sicherlich immer schwerer, an Gott, gar an einen liebenden Vater, zu glauben.

Doch Gott ist gerecht. Wir Menschen sind nicht Gott-Abhängige. Der Ewige setzte uns – die Geistwesen, die wir im Urgrund unserer Seele noch immer sind –, Seine Söhne und Töchter, als Erben der ewig bestehenden Unendlichkeit ein. Also sind wir frei in allen Entscheidungen, die wir treffen. Diese Freiheit bleibt uns auch als Menschen. Die Freiheit hat jedoch die Verantwortung für unser Tun und Lassen zur Folge.

Aber Gott ließ Seine Erdenkinder nicht ohne klare Richtlinien, die aufzeigen, was Sein Wille ist. Damit wir Anhaltspunkte haben, um unser Tun und Lassen daran zu messen, gab uns Gott durch Mose die Zehn Gebote und Jesus Seine Lehren der Bergpredigt.

Wenn nun der Mensch sich daran nicht hält, dann schafft er eben Ursachen, die eines Tages zur Wirkung kommen. Das ist das „Gesetz von Ursache und Wirkung", auch das „Gesetz von

Saat und Ernte" genannt. Betrachten wir dahingehend unsere Welt, dann erkennen wir, dass der Mensch, die ganze Menschheit, wir alle also, die Urheber des Weltdesasters sind und die Erde in den Kollaps treiben.

Bemühen wir uns jedoch um ein ethisch-moralisch höherwertiges Leben, so wie Jesus von Nazareth es uns gelehrt hat, dann ist für den Erfolg unsere Motivation von entscheidender Bedeutung. Aus Liebe zu Gott, so heißt es, sollte es geschehen.

Um mit der „Liebe zu Gott" richtig umgehen zu können – wie wäre es, es anders zu formulieren: „Aus Liebe zu unserem wahren innersten Wesen überwinden wir unser niederes Ich, unsere Selbstsucht, unser triebhaftes Wollen und Tun." Genau genommen, bedeutet dies aber letztlich ebenfalls, dass wir es aus Liebe zu Gott tun. Sagen wir also zu Beginn des Weges zum kosmischen Bewusstsein z.B. „aus Liebe zu unserem innersten Wesen", so liegt uns das dann vermutlich noch um einiges näher. Denn das

Wissen um unsere geistige Herkunft liegt in der Seele des Menschen, und irgendwie möchte doch jeder, wenn er an das Hinscheiden seines Körpers denkt, als Wesen in Gott zurück ins Vaterhaus. Und vor allem in jenem, der an Gott glaubt, kommt in diesem Zusammenhang nicht selten in etwa die folgende Frage auf: Gehe ich dann wohl als Seele gleich in Richtung ewige Heimat?

Diese Frage wird sich jeder Einzelne auf seinem Weg zum kosmischen Bewusstsein selbst beantworten, vorausgesetzt, er ist willens, zu analysieren, um zu lernen.

Geistig zu lernen, um uns selbst zu erfahren, heißt, höhere Ethik und Moral zu erlangen, um der Lehre Jesu näherzukommen. Das heißt wiederum: Das Allzumenschliche, das Sündhafte, also das niedere Ich, Schritt für Schritt zu lassen, denn nur so gewinnen wir höhere Lebensqualität.

In der heutigen Zeit ist vielfach von „Ethik und Moral" die Rede. Doch wo ist in unserer Welt die Ethik und Moral? Einerlei, wo wir hinblicken – wir sehen oft nur die Un-Ethik, das Unmoralische. Doch Jesus von Nazareth hat uns etwas ganz anderes gelehrt. Erst wenn wir uns auf die Zehn Gebote Gottes und auf die Lehren des Jesus, des Christus, besinnen, spüren wir und erleben wir, was höhere Ethik und Moral bedeutet.

Mit der Zeit wird uns dann bewusst, dass in uns eine neue Dimension des Bewusstseins aufgeht, die sich so mancher nicht zu erklären vermag.

Liebe Leser, ich darf Ihnen sagen: Diese „unerklärbare" Dimension kommt aus dem höchsten Reich, aus dem Reich Gottes, das existiert und als Essenz und Kraft in unserem Seelengrund wirkt. Erschließen wir mehr und mehr die Prinzipien des göttlichen Lebens in uns – die Liebe, den Frieden, die Freiheit und das Bewusstsein, dass wir Erben der Unendlichkeit sind –, dann werden wir auch mit unseren Mitmenschen anders umgehen.

Wir werden uns untereinander mehr und mehr verstehen lernen. Kriege werden aufhören; Hungersnöte werden nicht mehr sein, weil die Reichen nicht mehr reich sind, keine Vorrechte mehr besitzen, sondern allen anderen gleichgestellt sind. Die Gleichheit wird gewahrt. Das ist die Lehre des Jesus, des Christus. Alles andere ist Missbrauch Seines Namens.

Einzig durch die Anwendung der Lehre des Jesus entwickeln wir die Freiheit, und wir werden frei! Wir werden nicht darben.

Es gibt in der Lehre des Jesus, des Christus, keine Unterschiede – weder Reich noch Arm, weder Krieg noch Not. Das sind Ausgeburten unserer negativen Gedanken, letztlich unsere Ursachen, die zur Wirkung kommen. Diese hat uns aber nicht Gott gesandt, sondern wir selbst haben sie uns auferlegt durch die Abkehr von unserem wahren Sein, von unserem innersten Wesen, und nicht zuletzt von Gott, unserem Vater, der im Himmel ist.

Die Welt hat sich von der Lehre des Jesus, des Christus, längst abgewandt. Und die Welt ist nichts anderes als die Summe der einzelnen Menschen. Wer sich aber der Lehre des Jesus, des Christus, zuwendet, der weiß, dass es im Reich Gottes und in der Lehre des Jesus, des Christus, weder Arm noch Reich, noch weitere Ungleichheiten gibt.

Wenn das Reich Gottes zu uns kommt, das uns Jesus versprochen hat – und es wird sein ein neuer Himmel und eine neue Erde –, dann wird es weder Reiche noch Arme geben. Jeder wird zu essen haben und ein Dach über dem Kopf, weil im Geiste Gottes Leben Einheit ist. Wer das als Mensch nicht annimmt, der lebt auch nicht danach. So kann man doch sagen: „Derjenige ist dann auch kein Christ."

Manchen Menschen mögen diese Darlegungen vorkommen wie aus einer anderen Welt, aus einer göttlichen Welt, die mit unserem irdischen Alltag nur wenig zu tun zu haben scheint.

Möge uns doch bewusst werden, wie wichtig es ist, dass wir der Sehnsucht der Seele, die in jedem von uns hin und wieder spürbar ist, nachgehen! Damit wir das Pochen der Seele an unser Gewissen nicht übertünchen mit Worten wie: „Ach, was soll das!?", sondern statt dessen das Angebot des Weges zum kosmischen Bewusstsein ausprobieren. Wir können mit kleinen Schritten beginnen und jeweils feststellen, ob es funktioniert.

Nehmen wir das Pochen unserer Seele ernst, das sich unter anderem auch in Schwankungen unseres Gemüts ausdrückt, und nehmen wir diese als Lernimpulse auf, so werden wir mit der Zeit erleben, dass wir mehr und mehr Qualitätsgefühle für eine Welt entwickeln, die uns zunächst fremd erscheint, uns aber zu unserem göttlichen Selbst führt.

Es gilt also für jeden von uns, die positive Kraft zu entwickeln, und diese ist letzten Endes der Geist, der allgegenwärtig ist. Wer soll mit der positiven Kraft, die göttlich ist, beginnen? Vielleicht der „andere"? Oder nicht vielmehr jeder Einzelne von uns? Wie kann wohl die Welt besser werden, wenn wir auf „die anderen"

schauen und eventuell gar über „die anderen"
schimpfen?

Wäre es nicht viel sinnvoller, wenn wir ganz
allmählich anfangen – und das Schritt für
Schritt –, unsere eigene kleine, enge, allzumenschliche Welt zu verändern, indem wir uns selbst
als Wesen des Reiches Gottes bewusst werden?

Das ist nicht so einfach. Doch wenn wir daran glauben, dass im Urgrund unserer Seele unser wahres, unsterbliches Wesen pulsiert, dann
könnten wir uns immer und immer wieder vorgeben: In mir, im Urgrund meiner Seele, ist das
unsterbliche Wesen, das ich wirklich bin in alle
Ewigkeit. – Dann würden wir ganz allmählich
Gedanken des Friedens aussenden, indem wir
mit unseren Mitmenschen Frieden schließen.
Denn wenn in mir das göttliche Wesen ist, dann
ist es auch im Nächsten – einerlei, wie er denkt,
gleich, was er tut. Die Tatsache, dass in jedem
ein göttliches Wesen ist, sollten wir auch bei unserem Mitmenschen bejahen. Daraus entwickelt
sich ein gewisses Miteinander, ein Füreinander.
Dann lernen wir auch zu beten für all jene, die

noch kriegerisch sind, für alle jene, die noch in ihrem Reichtum schwelgen, für alle jene, die sich mehr dünken, als sie in Wirklichkeit als Menschen sind.

Wenn wir unsere eigenen Gebete Schritt für Schritt verwirklichen, also bewusst danach leben, dann fühlen wir mehr und mehr, dass Gott in uns wohnt und dass Gott wahrhaft Liebe ist. Warum fühlen wir das? Weil wir plötzlich Verständnis für unseren Nächsten erlangen – es kommt aus dem Seelengrund. Wir erkennen wohl, dass der andere, unser Nächster, zwar noch sein „Ich, Ich, Ich" präsentiert. Trotz allem sollten wir unser Mitgeschwister aus der ewigen Heimat bejahen.

Die Lebensschule zur Lebensbemeisterung kann ein Ausblick für alle sein, die an Gott glauben! Ein Einblick für all jene, die nicht aufgegeben haben, zu hoffen, dass Gott Liebe ist.

Liebe Leser, w i r selbst, jeder Einzelne von uns, muss umkehren, nicht „der andere". Sie, wir alle, können den Mitmenschen nicht ändern. Er hat den freien Willen, so zu sein, wie er ist. Doch wenn wir uns bewusst werden, dass in uns das wahre Leben, Gott, ist, dann lernen wir auch, zu beten und unseren Mitmenschen den freien Willen zu lassen, sie aber nicht zu verstoßen, weil sie noch so sind, wie wir auch waren. Dann setzt die Goldene Regel ein: Was du nicht willst, dass man dir tu', das füg' auch keinem anderen zu.

Vor den großen Schritten kommen stets die kleinen Schritte. Beginnen wir mit kleinen Schritten, und erleben wir die Existenz: Gott in uns. Kleine Schritte sind hilfreicher, als wenn wir gleich große Schritte machen wollen. Schritt für Schritt! – Denken wir nur an das Vaterunser. Es ist schlicht und hat doch wahre, innere Kraft, denn es enthält den Weg ins Vaterhaus. Wer es ernsthaft betet, es langsam betet, sich hineinfühlt in diese schlichten Worte, der erlebt die Verbindung des Jesus von Nazareth mit seinem, unserem Vater.

Das wünsche ich Ihnen! Spüren Sie im Vater-unser die Verbindung mit Gott, Ihrem und unserem Vater! Und denken Sie darüber nach, dass Gott diese veräußerlichte, materialistische Welt nicht gemacht hat, sondern es war und ist der Mensch, der sich von Gott, von der hohen Ethik und Moral, abgewendet hat.

Wer wahrhaft den kosmischen Weg geht, um selbst zu erfahren, dass Gott wirklich im Menschen existiert, der wird Erlebnisse über Erlebnisse haben.

Am Arbeitsplatz werden wir mit den Hilfen des Weges zum kosmischen Bewusstsein, den wir Schritt für Schritt gehen, unsere Arbeit viel rascher und gewissenhafter und außerdem zur Zufriedenheit unseres Arbeitgebers und unserer Kollegen bewältigen. Wir werden mit unserem Kunden ganz anders kooperieren, weil wir uns bewusst sind, dass auch in ihm ein Wesen aus Gottes Allmacht und Liebe ist. Gleich, was der Kunde sagt, gleich, wie er sich verhält – wir versuchen, ihm gerecht entgegenzukommen und ihm gerecht zu werden.

Das heißt also: Menschen, die sich mehr und mehr Gott zuwenden, werden mitten in der Welt stehen, werden ihre Arbeit zur Zufriedenheit verrichten, werden auch in den Familien Frieden halten, doch sie werden nicht mehr mit dieser Welt sein, nicht mit diesen Grausamkeiten gegenüber unseren Mitmenschen, gegenüber der Natur und der Tierwelt.

Insgesamt wird in unserem Umfeld ein besseres Klima des Miteinander spürbar. Wir streben nach Harmonisierung in Ehe und Partnerschaft, in der Familie und mit Freunden. Und das zieht Kreise!

So wäre zu sagen: Unsere Ausstrahlung wird kosmischer. Das göttliche Wesen in uns strahlt mehr und mehr durch unsere Seele, aber auch in und durch unsere Körperzellen. Wir können mit unserem Nächsten Frieden schließen und Frieden halten. Das ist etwas ganz Besonderes in dieser unserer heutigen Welt, doch es geht! Und es ist möglich, weil der Geist Gottes in Christus, unserem Erlöser, in uns wohnt, uns beisteht und hilft.

Das bewirkt auch die wahre Freiheit, aus der heraus sich die geistige Evolution entwickeln kann. Wir werden kreativer in der Familie und am Arbeitsplatz; es entfalten sich ganz neue Talente. In der Familie geben wir den positiven Aspekten mehr Gewicht; im Betrieb können wir mit Ideenreichtum und Dynamik neue Vorschläge zur Weiterentwicklung einbringen.

Es wäre gut, sich täglich Folgendes vorzugeben: „Mensch, nimm dich nicht so wichtig! Du bist in dir größer, als du denkst!"

Sich in diesem Bewusstsein am Arbeitsplatz, beim Kunden, unter Menschen überhaupt zu bewegen, das verändert unter Umständen so manche Situation zum Guten! Aus der Erkenntnis heraus „in jedem ist ein Teil des Guten – und das Göttliche ist gut" kann überall der Friede einziehen. Und sollte unser Nächster den Frieden nicht wollen – warum sollten wir uns dann mit ihm streiten?

Vergegenwärtigen wir uns immer wieder: In uns ist die Hilfe. In uns ist die Kraft des Alls, die uns beisteht, die uns erkennen und fühlen lässt, dass wir mit unseren Mitmenschen bewusster leben sollen. Das heißt aber nicht, dass wir alles tun müssen, was andere von uns verlangen. – Doch gerecht zu sein und Ausgleich zu schaffen, das wäre von Bedeutung. Es hilft uns unter anderem auch, uns selbst nicht so wichtig zu nehmen. Dann wird uns auch mehr und mehr bewusst, was es heißt, mit der innersten Kraft unserer Seele tätig zu sein, zu arbeiten und sogar für komplizierte Aufgabenstellungen Lösungen zu finden.

Nehmen wir uns selbst nicht mehr so wichtig, dann kann uns Gott, der Geist, das Leben in uns, führen. Er wird uns auch die Kraft geben, sogar die schwerste Arbeit gut zu erfüllen. Deshalb heißt es: Ein Mensch, der diesen Weg zum kosmischen Bewusstsein bewusst geht, steht mitten in der Welt. Er erfüllt seine Pflicht, ist aber nicht mit der Welt.

Mit der Welt zu sein hieße, von vornherein den anderen zu beschuldigen, ein übler Genosse zu sein, und dem anderen aufzuzwingen, das zu tun, was man selbst nicht tun will. Es hieße, den anderen zu beschimpfen, ihn schlecht zu machen und selbst missmutig und griesgrämig die eigene Arbeit zu verrichten.

Was sagt dazu Jesus, der Christus? „Was du willst, dass dir andere tun sollen, das tue du ihnen zuerst." Oder, anders gesprochen: „Was du nicht willst, dass man dir tu', das füg' auch keinem anderen zu." – Das wäre ein wunderbares Lebensprinzip auf dem Weg zum kosmischen Bewusstsein!

Oftmals gibt es Streit in der Familie, weil die Familienangehörigen nicht so sind, wie wir sie gerne haben möchten. Wir können unsere Mitmenschen aber nicht nach unserem Gutdünken ändern oder von ihnen fordern, dass sie sich ändern! Jeder Mensch hat seinen Bewusstseinsstand, und jeder lebt letztlich entsprechend dem, was er von der Seele her mitgebracht hat, was übrigens auch in seinen Genen angelegt ist: Licht und Schatten.

Liebe Leser, eines sei gesagt – und das könnten Sie sich immer wieder vor Augen halten, besonders dann, wenn Sie mit Ihrem Vorankommen auf dem Weg des Inneren selbst unzufrieden sind:

Die großen positiven Veränderungen in Ihrem Bewusstsein sind nicht mit einem Mal, nicht von heute auf morgen, zu erreichen. Wichtig wäre, dass Sie der Erkenntnis, die Sie jeweils heute bewegt, Aufmerksamkeit schenken und gegebenenfalls das Übel ausräumen. Die Hilfe, der Beistand des Christus Gottes ist Ihnen gewiss!

Vielleicht erinnern Sie sich unter anderem auch öfter an die folgenden Worte und nehmen sie sich zu Herzen:

„Mensch, nimm dich nicht so wichtig! Denke daran, im Innersten bist du größer, als dir bewusst ist!"

Vergessen Sie auch die ersten, fundamentalen Unterweisungen nicht:

Halten Sie Ordnung in Ihrem Leben, und Sie werden erfahren, dass Ihre Lernschritte gezielter und bewusster sein werden. Sie werden spüren, was Friede bedeutet, und was es bedeutet, Frieden zu schließen und Frieden zu halten. Sie werden aber auch mit der Zeit erspüren, dass das äußere Glück nicht von Dauer ist. – Wahres, tiefes Glück muss von innen kommen.

Lebensschule zur Lebensbemeisterung
Der Weg zum kosmischen Bewusstsein

Band 1: Das kosmische Bewusstsein, unser göttliches Erbe, wieder entfalten - der Weg dorthin ist bereits in uns angelegt. ...
120 S., kart., Best.-Nr. S 392. ISBN 978-3-89201-293-1. **Euro 9,80**

Band 2: Gabriele zeigt auf, wie der Mensch sich Schritt für Schritt zu einem wahrhaft positiven Leben erheben kann ...
162 S., kart., Best.-Nr. S 395. ISBN 978-3-89201-310-5. **Euro 9,80**

Band 3: Wer oder was ist Gott? Wer oder was ist das ewige Sein? Wie erlange ich Kommunikation mit dem wahren Leben? ...
110 S., kart., Best.-Nr. S 398. ISBN 978-3-89201-316-7. **Euro 9,80**

Band 4: Jeder kann Gotteserfahrung erlangen, weil im Urgrund unserer Seele, die Liebe Gottes wohnt ... 180 S., kart., Best.-Nr. S 344. ISBN 978-3-89201-322-8. **Euro 9,80**

Band 5: In allem liegt Antwort und Lösung! Ernsthaftigkeit bedeutet aufrichtige Konsequenz, Tatbewusstsein, Entschiedenheit und Gewissenhaftigkeit.
108 S., kart., Best.-Nr. S 347. ISBN 978-3-89201-328-0. **Euro 9,80**